Karl Gutzkow

Maha Guru

Geschichte eines Gottes - 1. Teil

D1717516

Karl Gutzkow

Maha Guru

Geschichte eines Gottes - 1. Teil

ISBN/EAN: 9783959130387

Auflage: 1

Erscheinungsjahr: 2016

Erscheinungsort: Treuchtlingen, Deutschland

Literaricon Verlag Inhaber Roswitha Werdin, Uhlbergstr. 18, 91757 Treuchtlingen

www.literaricon.de

Dieser Titel ist ein Nachdruck eines historischen Buches. Es musste auf alte

Vorlagen zurückgegriffen werden; hieraus zwangsläufig resultierende

Qualitätsverluste bitten wir zu entschuldigen.

Maha Guru.

Geschichte eines Gottes.

Von

Carl Gutzkow.

———

Erster Theil.

Stuttgart und Tübingen,
in der J. G. Cotta'schen Buchhandlung.
1833.

Erstes Capitel.

Um Maunie Pämi Um!

Mystische Sentenz des tibetanischen Cultus.

Das Panorama einer wilden, zerrissenen Gegend liegt vor unsern Augen ausgebreitet. Wir befinden uns auf der großen tibetanischen Gebirgskette, welche die endlose, dem Reisenden noch immer unerforscht gebliebene asiatische Hochebene an das Dach der Himmelswölbung hinauf gefesselt hat. Das wechselnde Spiel der Wolken, welche die Häupter der ungeheuern Bergkolosse zuweilen umlagern, dann an ihnen vorüberstreifen, und die blauen Oeffnungen des beengten Horizontes verlegen, gewähren dennoch diesen einförmigen Gebirgsmassen den Reiz einer immer neuen Veränderung. So erblickt man neben den nacktesten Felsen, die in einen grauen Wolkenflor gehüllt sind, die üppigste Vegetation, die in demselben Moment dem Auge wieder verloren ist. Hier ein grüner Streifen, der sich um die Brust eines Felsen gelegt hat, ein dunkler Kranz von Fichten und Tannen, oder ein heller von Ahorn- und Weiden-Bäumen, und in demselben Augenblick ein weites, graues Nebelmeer, Alles bedeckend und dem Blicke entziehend. Nur Eines bleibt sich ewig gleich in dieser todten Abwechselung: das fürchterliche Gebrüll erzürn= ter, reißenden Waldströme. Wo sind sie? Das Auge sieht sie nicht, und nur das Ohr vernimmt dieß ewige, gleichförmige, widerhallende Rauschen. Sie stürzen, von den dichtesten Urwäldern bedeckt, durch die tiefen Kessel, an denen sie Jahrtausende lang gehämmert: ein grauenvoller Anblick, da sich auf dieser weiten Lava=Decke des Tannenwaldes nirgends ein Krater zeigt, der dieß gährende, empörte Element dem Auge sicht= bar macht.

Dem Tibetaner verbietet seine Religion — dieß selt= same Gebäude von Satzungen und Gebräuchen, mit de= nen wir noch genauer werden vertraut werden — die Thiere des Feldes zu tödten. So wenig auch dieses Jagdverbot von einzelnen Vornehmeren, die mit den Priestern und Castellanen des Himmels auf vertraute= rem Fuße stehen, gehalten wird, so zieht die Aus= nahme von der Regel doch immer weniger Folgen nach sich, als eine gänzliche Freilassung der Sitte. Daher sind die Gebirge und Wälder mit Gethier reich bevöl= kert. Die Adler nisten auf den höheren Felsenspitzen; der Fuchs gräbt sich ungestört seine Gruben; nur das Bisamthier und die wegen ihrer Seidenschwänze be= rühmten tibetanischen Stiere ziehen aufgeschreckt durch die Berge, weil die Gewinnsucht sie einer eifrigen Ver= folgung aussetzt. Wenn jene Seidenschwänze nur dazu dienen, die weibische Eitelkeit der Chinesen zu befrie= digen, so sollt' es sich Europa nicht zu Schulden kommen laſſen, daß es ein aſiatiſches Volk zu Geſetzesübertretungen verleitet; denn hat der Moschus nicht einen ganz abſcheulichen Geruch? Zur Heilung der europäiſchen Schwindſucht reichen America's Biſamthiere gewiß hinlänglich aus.

Hat uns eine der vorüberziehenden Wolken bis jetzt nur bald einen nackten Felſen, dann eine wilde Pflanzung von blühenden Hambutterſträuchern aufgedeckt, ſo tritt jetzt hinter ihrem Schleier eine neue Erscheinung hervor. Ob wir gleich nirgends einen gebahnten Pfad entdecken, ſo weiß ſich doch eines Menſchen Vorſicht jede von der Natur geſchloſſene Pforte zu öffnen. Wie ſchwindelnd jene Höhe, von der ſich allmählich ein langer Reiſezug herunter bewegt! Wie trügeriſch öffnen dieſe weiten Abgründe ihren verderbenſchwangern Mund, um die Wanderer zu einem einzigen Fehltritt zu verlocken, und ſie zerſchmettert in ihre rieſigen Arme zu ſchließen! Die Karavane nähert ſich: ſie ſteigt den ſteilen Pfad mit allem Bedacht herab: die Männer halten die Roſſe, die von der Race der kleinen, muthigen Tangues ſind, dicht am Zügel, und berechnen jeden Schritt, den ſie ſelbſt auf dem morſchen, zerſchieferten Stein wagen und ihre Thiere treten laſſen. In der Mitte ſind die Pferde, welche das Gepäck tragen, dicht eingeſchloſſen von den am Rande des Abhangs Gehenden.

Wir können jetzt deutlicher die Beſtandtheile dieſes Zuges unterſcheiden. Der Pfad wird ebener und breiter, man nimmt ſeinen Platz auf den Roſſen wieder ein. Es kann nur eine einzige Familie ſeyn, die ſich

dieſen Beſchwerlichkeiten ausgeſetzt hat; man ſieht dieß
aus der Achtung, die mehren Perſonen von den Uebri=
gen erwieſen wird.   Ein Diener geht zu Fuß voran,
mit einem Stabe, der ihm zum Unterſuchen des Bo=
dens dienen ſoll; eine verhüllte Geſtalt, in einem lan=
gen Talar, folgt ihm zunächſt: es iſt der Prieſter, der
für dieſe Reiſe Segen und Heil erflehen ſoll, und deß=
halb beſtändig murmelnd an einem Roſenkranze kugelt.
Der ganze Zug ſcheint nach einer ſinnigen Symmetrie
geordnet: denn die nächſte Gruppe beſteht aus einem
Kreisausſchnitte, deſſen Sehne von einem grauhaari=
gen, aber noch rüſtigen Alten gebildet wird.   Der Bo=
gen iſt aus drei männlichen Perſonen zuſammengeſetzt,
die mit dem vorderſten eine ſeltene Aehnlichkeit haben.
In der Mitte aber ſchließen ſie alle vier ein Weib ein,
das ſich auf ſeinem Pferde mit vieler Gewandtheit er=
hält, und von allen mit der ängſtlichſten Sorgfalt
beobachtet wird.   Den Schluß der Karavane bildet
ein langer Troß von Dienern, die theils bewaffnet ſind,
theils das Gepäck und den ſichern Schritt der es tra=
genden Thiere zu beſorgen haben.

Die beiden Hauptperſonen ſind unſtreitig der Alte
auf der Sehne und das ihm zunächſt folgende Mädchen.
Jener trug einen langen, roth und gelb geſtreiften Man=
tel, der ihm bis auf die Knöchel herabging, und den
Rücken des Pferdes, das er mit vieler Unſicherheit ritt,
zum Theil bedeckte.   Auf dem Kopfe hatte er einen
hohen, ſpitzen Lederhut, der ſehr glänzend lackirt, und
mit manchen Verzierungen bedeckt war.   Das Mädchen

hatte sich zu tief eingehüllt, als daß man ihrer Formen gewisser hätte werden können; die Kälte in diesen Bergen war empfindlich, und für nichts so schädlich, als die feine Haut der Schönheit. Der Wuchs der Dame, der sich durch das lange Seidengewand, das bis zum Haupte ging, und oben von zwei Federn abgelöst wurde, nur noch mehr hob, war schlank und schien mit den herrlichsten Körperreizen gepaart zu seyn. Sie war die Tochter ihres alten Vordermanns, der sich oft mit besorgten Blicken nach ihr umsah, ihre freundlichen und ihn beruhigenden Mienen aber nie durch ein Lächeln erwiederte, sondern die Lippen so tief hängen ließ, daß man zweifeln konnte, ob man ihn für sehr dumm, oder für sehr traurig halten sollte. Und die Uebrigen? Sie waren die Brüder dieses Alten. Was heißt das in Tibet? Sie waren nicht minder die Väter des jungen Mädchens, obschon nicht so legitim, wie ihr erstgeborner Bruder.

Sonderbare Sitten der Völker! An welchen Quellen nahmt ihr euren Anfang? Die Zeit gibt den Gewohnheiten ihre Heiligkeit; wer gab ihnen aber den ersten Anstoß? Sind wohl die Formen des Staates, die Gebräuche der Religion, die Sitten des gesellschaftlichen Lebens verschieden je nach der Geschichte, dem Klima, dem Zufalle; wer würde sich überredet haben, daß auch die Bedürfnisse des Herzens sich so verschiedenartig befriedigen lassen, wenn sie doch dieselben sind? Wir haben oft die Liebe das gleiche Band genannt, das alle Zonen umschlungen hält; die Weltweisen haben auf

jeden Roman, der sich in unserm jungen Leben einmal
entwickelte, ein tiefes Gesetz der Natur gegründet;
die Dichter sangen von Beatricen, Laura, Ernestinen,
Lotten, wie von den Schlüsselträgerinnen des Himmels. Das waren Täuschungen des Traumes. Sitte
und Glaube heiligen auch die Neigungen, die eine Frau
gegen vier Männer zu gleicher Zeit haben kann. Ist
das eine Widersinnigkeit? Wir fordern den Husaren-
Obristen, den wir in den Umarmungen unsers Weibes
überraschten, als einen Elenden, dessen Blut uns allein
Gerechtigkeit geben kann; wir erdolchen über die Zumuthung einer morganatischen Ehe, die der regierende
Fürst unserer Tochter mit einem unterstützenden Prä-
sidentenpatent für den Vater macht, lieber unser Kind:
oder lassen uns, wenn wir für tragische Situationen
nicht geeignet sind, auf dem einfachen Wege des gemei-
nen deutschen oder preußischen Landrechts von unserer
treulosen Gattin separiren. Glückliche Tibetaner, eure
Leidenschaften machen euch keine schlaflosen Nächte!
Eure Dichter verfertigen keine Jamben-Tragödien, die
in der letzten Scene zu einem ungeheuern Blutbade ge-
rinnen! Ihr wechselt nach den Kalendertagen in den
Umarmungen eurer Auserwählten ab, und geht euch
dabei mit hingebender Entsagung hülfreich zur Hand!
Bewohner der asiatischen Bergrücken, seyd ihr nicht
weit idyllischer, als die Deutschen, die Geßner und
Voß besitzen? Im Schoße der Familien wollt ihr die
Freuden der Ehe genießen, und schiebt daher ein Ge-
schlecht in das andere, ohne euch durch vielfache Hei-

rathen und Schwägerschaften zu zersplittern! Ein Bruder wird von den Augen einer tibetanischen Schönen
tödtlich getroffen, die Flamme der Liebe lodert in ihm
auf, aber er ist genügsam, und will sein Glück mit Andern theilen. „Meine Brüder!" ruft er entzückt aus,
„der Name Dalai Lama's sey gesegnet! Ich bin ausgegangen, um einen Baum zu suchen, an dem sich
tausend rankige Pflanzen schmiegen, und hab' ihn gefunden." Und die Brüder verstehen dieß Symbol der
Liebe, und stellen sich vier, fünf Mann hoch vor die
sittige Jungfrau, und sie erröthet, leise das ver-
schämte „Ja" flüsternd. Welche Brautnächte! Welche
Flitterwochen! Kömmt dann einst der Augenblick, da
sich in ihr ein neues Leben regt, so lispelt sie dem ältesten unter den eifersuchtslosen Brüdern das süße Geheimniß ins Ohr, und das zweitemal dem nächstfolgen-
den, dann sofort bis zum jüngsten, bis sie bei dem
ältesten wieder anfängt. Schenkt Dalai Lama, der
große Gott, aber nur Einmal diese Freude, so haben alle
Brüder ein Recht an ihr, obschon der ältere ein grö-
ßeres, als die übrigen. Das sind die Sitten von
Tibet.

Gylluspa, deren Mutter schon auf den Berg
Sumnu, den Sitz der Götter, hinübergegangen, war
ein Musterbild kindlicher Zärtlichkeit, was um so mehr
sagen will, da sie vier Väter zu verehren hatte. Aber
der älteste von ihnen, Hali=Jong, war vor allen
jetzt des liebevollsten Zuspruches bedürftig; denn über
seine gebräunte Stirn hatten sich tiefe Furchen gezogen,

und aus seinen Mienen sprach ein Gefühl der Trauer
uud des Schmerzes, dem er hätte unterliegen müssen,
wenn ihn die Liebe der Seinigen nicht noch aufrecht er=
halten hätte. Man sah es ihm an, daß er eine schwere
Last zu tragen hatte, und nicht die Kraft dazu besaß.
Was mochte ihm widerfahren seyn?

Dennoch sprach Hali=Jong sehr viel, wie alle Furcht=
samen, die durch ihre eigenen Worte sich Muth einflößen
wollen. „Beim siebenten Stockwerk des goldenen Tem=
pels von Tassissudon!" sagte er, und nahm bei diesem
Schwur seinen lackirten Hut ab, „welch ein gefähr=
licher Weg zu einer Gefahr, die noch größer ist! Wir
wandern wie durch ein Gehege von Löwenzähnen, um
zuletzt in dem Zelt seines Rachen auszuruhen."

„Nein, mein Bruder," entgegnete Heli=Jong,
Gylluspa's zweiter Vater, „die Schrecken dieser Reise
werden hinreichende Strafe für die Verbrechen seyn,
die man dir vorwirft. Der große Stellvertreter des
größern Lama (ach, möchte er den Erdkreis wür=
digen, bald wieder in ihm zu erscheinen!) kann diese
Pilgerfahrt nur für eine Läuterung deines Wandels an=
sehen. Er wird dir lassen, du frommer Waller, was
der Himmel dir schon gegeben hat."

„Du lästerst, mein Bruder!" wies ihn Hali=Jong
zurück, auf den kein Trost wirkte, „vergleiche mich
nicht den heiligen Männern, die nackt durch das Ge=
birge laufen, und sich an Dornen blutig ritzen, die auf
dem Schnee schlafen, und mit keinem Wassertropfen
ihre Stirn netzen. Welcher Pilger hat noch auf einem

Thiere gewallfahrtet? Welcher Sohn des Lama zittert
nicht vor Freude, wenn er seinen Tempel von Angesicht
schauen kann, und wird die gefährlichsten Wege, die
zu ihm führen, für einen Rosenpfad halten? Nein,
theurer Bruder, ich werde die Strafe leiden, die auf
mein Verbrechen gesetzt ist."

Gylluspa weinte über den kläglichen Ton ihres
Vaters, und ihre andern Väter konnten die Thränen
nicht zurückhalten, wenn sie die ihren fließen sahen.
Hali-Jong aber waren sie damit nicht willkommen;
wie wenig er zu hoffen schien, so wollt' er doch nicht,
daß die Andern an seiner Zukunft verzweifelten. Er
wandte sich also rasch um, so daß sein Pferd fast gestrau-
chelt wäre: „Habt ihr euch zu meinen Anklägern ge-
sellt?" rief er, die betende Avantgarde des Priesters
überschreiend, „wer hat den Armen mehr Almosen gegeben, als ich? Wer hat sich ein Stück Fleisch, wie ich,
aus dem Rücken schneiden lassen, und es den Göttern
geopfert? Schick' ich nicht Hunderte von Pilgern nach
Jagarnaut und Alahabad, die heiligen Oerter, wasche
mich mit den Fluthen des Ganges, die ich mir in ble-
chernen Büchsen kommen lasse, und reibe meine Glieder mit Sand, der aus dem heiligen Flusse gesicht ist?
Wer seyd ihr, daß ihr mich wie einen Todten
beklagt?"

Hili-Jong, Gylluspa's dritter Vater, wischte
sich die Thränen aus den Augen und sagte: „Theurer
Bruder, wir vermögen nicht dich betrübt zu sehen.
Sey fröhlich, und unsere Angesichter werden glänzen!

Du vergällst uns die Freude unseres Lebens, die nur du
bist und Gylluspa. Wer sagt, daß du zu fürchten
hast? Deine Tugenden stehen im Buche des Himmels
angeschrieben, das sie in Lassa ohne Zweifel lesen werden; deine Unschuld wird dich heim begleiten, wie ein
köstliches Geschmeide, das man dir heimlich unter deinen Sattel legt!"

Hali=Jong versank in Nachdenken und schwieg.

Der Winterfrost, der auf diesen Gebirgen mit rie-
siger Hand liegt, zerstört den morschen Stein, und gibt
ihm oft die wunderlichsten Gestalten. Diese spitzen
Zacken und pyramidalischen Formen haben viel Aehnlichkeit mit Marterwerkzeugen, und sie mußten daher
auf den abergläubischen und besorgten Hali=Jong alle
die Eindrücke machen, die ein furchtsames Gemüth von
bösen Vorzeichen erhält. Zuweilen wechselten die natürlichen Formationen mit künstlichen ab. So wie sich
die Reisenden einem in den Fels gehauenen Tempel oder
einem Götzen näherten, senkten sie ihre Häupter, hielten ihre Rosse an, und murmelten einige Gebete, die
sie, wie die Christen das Vater unser, immer in Bereitschaft haben.

Die Karavane hatte ihre Richtung durch einen
langen Hohlweg genommen, dessen Schlußpforte ein
großes Felsstück bildete, dem von der einen, jetzt den
Reisenden sichtbaren Seite eine künstliche Form gegeben war.

Hier haben wir die Anfänge der tibetanischen Plastik, die gegenwärtig auf einer ansehnlichen Höhe steht,

und die chinesische bei weitem übertrifft. Der furcht=
barste aller Götzen, Mahamuni, saß da, aus einem
riesenhaften Steinkolosse gebildet, mit steifem Haupte,
verschränkten Armen und untergeschlagenen Beinen.
Dieß Ungethüm würde uns Schrecken einflößen; die=
jenigen, welche an es glaubten, empfanden aber eine
heilige Scheu, und neigten schon in der Ferne ehr=
furchtsvoll ihre Häupter. In der Nähe des Bildes
angelangt, stiegen alle vom Pferde, und warfen sich
neunmal vor ihm nieder. Hali=Jong erhob ein kläg=
liches Geschrei, setzte der kalten, todten Steinmasse alle
seine Leiden und Besorgnisse auseinander, und schied
von ihr, nicht ohne Hoffnung, bei den Richtern, vor die
er in Lassa, dem Sitze des Dalai Lama, treten sollte,
ihre gnädige Fürsprache erwirkt zu haben.

Als sich der Zug so weit von dem Koloß entfernt
hatte, daß man wieder ein Wort reden durfte, das
nicht Gebet war, begann Hali=Jong mit einer sichtlich
erheiterten Miene: „der Anblick dieses großen Gottes
hat mich wunderbar gestärkt. In Butan und den
fernsten Provinzen unseres göttlichen Reiches sehnen
sich Millionen nach diesem Wunder, das wir genossen
haben. Ich küßte den kleinen Zehen am linken Fuße
Mahamuni's, und durch meine Adern rollte ein Strom
von Seligkeit und Beglückung."

Holi=Jong, Gylluspa's vierter Vater, erfreut
über des Bruders getröstete Rede, ritt einige Schritte
vorwärts, schlug ihm auf die Achsel und strich ihm die
bartlosen Wangen. „Dein gutes Auge," sagte er

dabei, „hat an dem Bilde noch mehr bemerkt. Haſt
du nicht die Entfernung der Naſe vom Munde gemeſ=
ſen? Setze dieſen Zwiſchenraum in die gehörige Ver=
jüngung des Maßſtabes, und deine verketzerten Bilder
werden ſo allein ſeligmachend ſeyn, wie alle übrigen,
die nur je als kanoniſch gegolten haben. Nein, mein
theurer Bruder, die Götter ſelbſt werden die Zweige bre=
chen, um dir die Krone der Gerechtigkeit zu verleihen.“

Die Uebrigen ſtimmten alle in die gewandte und trö=
ſtende Bemerkung des jüngſten Bruders ein, und Hali=
Jong konnte dieſen Ueberzeugungen nicht völlig wider=
ſtehen, um ſo mehr, da ſie auf einen Augenblick auch
die ſeinen geweſen waren. „Dalai Lama bezeug' es
mir!“ rief er aus; „ich wollte nie etwas Anderes, als
die Gebote unſers großen Glaubens erfüllen. Ich bin
unter Göttern auferzogen, habe ſelbſt mehr Götter ge=
macht als nöthig waren, um unſer großes Volk in den
Tugenden zu erhalten und auf jeden Herd einen Schutz=
herrn des Hauſes zu ſtellen, und man will mich beſchul=
digen, nicht an ſie zu glauben? Ich kenne die weis=
heitsvollen Schriften nicht, die nur unſern heiligen Gy=
longs zugänglich ſind, und weiß nicht, was das große
Legendenbuch, das aus dem Monde auf die Erde gefal=
len iſt, über Mahamuni's Naſenproportion enthält,
aber ich habe die Heiligkeit der Tradition verehrt, und
mich an die Ueberlieferungen der Vorwelt gehalten.
Das ſoll Atheismus, Neologie, Wahn= und Irrglau=
ben ſeyn? Meine Brüder, ich habe nicht geahnt, als
ich das erſtemal die Metallſpeiſe in die Form brauſen

ließ und meinen ersten Gott auf die Welt brachte, daß mich der letzte von ihr bringen wird. Großer Lama, du bist höher als Alle, warum muß der Erdkreis so unglücklich seyn, daß du im Fleisch noch nicht wieder erschienen bist?"

Jetzt sind wir erst im Stande, die Absicht dieser Reise nach der Hauptstadt Tibets, und den Zusammenhang dieser ewigen Klage zu verstehen.

In Paro, einem Flecken hinter Tassissudon, nicht weit von dem festen Schlosse Dukka Jeung, blühte seit lange eine Götzenmanufactur, deren Vorsteher in letzter Zeit Hali-Jong gewesen war. Schon von seinem Vater hatte er diese tibetanische Theogonie geerbt, und ebenso die Kunst, die in ihr betrieben wurde. Seine Brüder erhielten an der Fabrik den Antheil, der ihren Fähigkeiten gebührte. Der eine ciselirte und schuf die Modelle in Wachs und Thon, der andere besorgte die Mischungen des Metalls oder der Erdarten, der dritte leitete die Vergoldungen und die mannichfachen Zierrathen, die nicht nur die Wunderkraft der Talismane, sondern auch ihren Preis erhöhten. Hali-Jong stand Allem vor; praktisch und gewandt, hatte er für Alles ein Auge; er besorgte die Ankäufe des Metalls, der Farben, der Erden; er prüfte die bossirten Modelle, untersuchte den Guß, verwarf die mißrathenen Stücke, zeigte die Stellen, die sich am geschmackvollsten vergolden ließen, lenkte den Verkauf und führte die Bücher über Einnahme und Ausgabe, worin ihm seine geliebte Gylluspa, welche die trefflichste Erziehung genossen hatte, mit Eifer beistand. Man vermuthet vielleicht, daß sich Hali-Jong bei diesem ununterbrochenen Verkehr mit Göttern eine gewisse Geringschätzung für sie zur andern Natur gemacht hatte, und deßhalb vielleicht von den Zionswächtern Tibets, den Mönchen, zur Verantwortung gezogen sey. So erwiesen die letzte Thatsache ist, so unwahrscheinlich ist die erste. Nein! Nur darin lag Hali-Jongs Unglück, daß er zu sehr praktischer Geschäftsmann und zu wenig Theolog war. Ich weiß nicht, ob man in Tibet die Religion mit der Zeit fortschreiten läßt; zweifle aber daran, und beklage den Vorsteher der Götzenmanufactur von Paro, daß er zu viel ästhetischen Sinn und Geschmack hatte. Denn diese für den Künstler unstreitig unschätzbare Tugend war ohne Zweifel die Schuld, warum er in der Bildung der Nasen bei seinen Göttern eine bedenkliche Neuerung einführte. Hali-Jong suchte sich zwar stets zu überreden, daß er der Tradition treu geblieben sey, und die Proportion zwischen der Nasenspitze und der Oberlefze immer so gebildet habe, wie sie die Götter seit ewigen Zeiten gehabt hätten; aber was weiß ich? Die Ketzerrichter bemerkten nun einmal seit einiger Zeit, daß namentlich an den Mahamuni-Bildern eine höchst verderbliche, dem Glauben der Völker gefährliche Veränderung vorgegangen war. Es wurde deßhalb in Lassa ein großes Concil berufen, wo man einige der bedenklichen Bilder in Untersuchung zog, und ihre Formation sowohl mit den bestehenden kanonischen Bestimmungen, als mit der in andern Werkstätten üblichen

verglich. Es war keine Bagatelle, um die es sich
handelte, sondern um etwas Wesentliches, etwas Nor=
males. Was bezeichnen die Nasen der Götter? Un=
streitig, daß sie sie überall hineinstecken, also ihre
Allgegenwart. Ist nun der Mund von jeher der
Sitz der Allmacht gewesen, weil ein Gott nur zu
sprechen braucht, um etwas dastehen zu haben: so
folgt, daß die Zerstörung der alten Proportion zwi=
schen diesen beiden Gesichtstheilen ein versteckter Kampf
gegen die Dogmatik ist. Wird die Wirksamkeit der
Götter nicht in Zweifel gezogen, wenn man ihre Na=
sen in eine zu weite Entfernung vom Munde bringt?
Das Concil von Lassa war auch keinen Augenblick
länger über diese Ketzerei unentschieden. Es ver=
dammte einstimmig die Neuerung, und rief den Vor=
steher der neologischen Fabrik als einen Gottesver=
ächter, Spötter und Schänder der heiligsten Religion
vor seine Schranken. Dieß war der Grund, warum
der unglückliche Hali=Jong die beschwerliche Reise un=
ternommen hatte. Wer die Geistlichkeit von Tibet
kannte, durfte über sein Schicksal nicht länger in
Zweifel seyn.

Wir sind nur gewohnt, die Religion mit der
Kunst in der engsten Verbindung zu sehen. Wir su=
chen die eine durch die andere zu vervollkommnen,
und haben oft die merkwürdige Erscheinung erlebt,
wie die eine zur andern eine Brücke zog, die uns
bald frömmer, bald geschmackvoller machte. Hali=
Jong ahnte dieß Verhältniß, vermochte aber nicht,

ihm nachzuhängen, weil er sein Verbrechen nicht ein=
gestehen wollte. Nur zuweilen dämmerte es vor sei=
ner Seele; es blitzten einige Gedanken an ihr vor=
bei, als hab' er den Göttern einen Dienst erwie=
sen, daß er sie schöner, gefälliger, einschmeichelnder,
menschlicher geformt. Menschlicher? Er erschrack vor
diesem Geständnisse, und vergaß auf einen Augenblick,
daß ja auch der größte Gott, Dalai Lama, den mensch=
lichen Körper anzulegen nicht verschmähte. Diese
Vergessenheit überraschte ihn nicht weniger; es ward
ihm dunkel vor den Augen; er war durch diese Re=
flexion auf den Weg gekommen, entweder ein scharf=
sinniger Theolog oder ein ungläubiger Atheist zu wer=
den. Ihm schien nur das letzte möglich, und er ver=
sank deßhalb in völlige Apathie.

Es war inzwischen dunkler geworden; die Gefahr
des Weges verlangte, daß man sich ihm nicht anver=
traute, wenn man ihn nicht vollkommen kannte. Die
kunstvollen Kettenbrücken, die zwischen den spitzen
Felsen befestigt waren, ließen sich nur am Tage be=
treten, da jeder Schritt auf ihnen sorgfältig berech=
net werden mußte. Die Gesellschaft war still und
schweigsam; denn beim einbrechenden Zwielicht wagt
kein Tibetaner auf dem Gebirge laut zu reden, weil
um diese Zeit die Berggeister, die finstern Dewta's,
zu schwärmen beginnen, und den Reisenden durch
Irrwege und schwarze Wolken necken und erschre=
cken. Ein zu lautes Wort macht, daß sich die
schweren, hängenden Wolken sogleich entladen, und
Re=

Regengüsse auf die unvorsichtigen Schwätzer herab-
gießen.

Man war so glücklich, bald auf ein Dorf, wo man
übernachten konnte, zu treffen. Es klebte dicht am Abhange einer riesenhaften Felswand, hatte aber die Aussicht auf ein geräumiges Thal, das nur durch zwei sich
gegenüberstehende Pforten zugänglich war. Die Häuser lagen in ziemlicher Entfernung von einander, und
waren dürftig aus Holzstämmen aufgeführt. Die tibetanische Bauart, so verschieden auch die Materialien
und die innere Ausstattung seyn mögen, ist überall dieselbe. Die Häuser stehen auf einigen hölzernen, in den
Boden eingerammten Pallisaden, die noch hoch über
das erste Stockwerk hinausragen, und also erst im zweiten bewohnbar sind. Der untere Raum dient zum Auf-
bewahren der Früchte, der Geräthschaften, zur Stal-
lung des Viehes, und in den obern begibt man sich
vermittelst einer Leiter, die von außen hinaufführt.

Die Gastfreundschaft der Gebirgsbewohner ließ bald
eine Herberge finden. Die ermüdeten Rosse wurden
von ihrer Last befreit, gefüttert, und in das erste Stockwerk eines solchen von uns beschriebenen Hauses geführt, wo man sie sorgfältig in Decken einhüllte, um
sie vor der empfindlichen Nachtkälte zu schützen. Die
Diener verschmähten nicht, dieselbe Stelle einzunehmen,
und die Brüder des Herrn hatten Lust, im obern Raume
ihrem Beispiele zu folgen. Nur Hali-Jong, Speise
und Trank zurückweisend, zog vor, noch auf dem grünen Platze vor der Herberge sich niederzulassen. Schon

seit vielen Nächten war seinem Auge der Schlaf ge-
flohen, nur seiner Gylluspa gelang es zuweilen, ihm
durch ihre Lieder und die Töne, welche sie kunstfertig
der Guitarre, einem in Tibet eben so bekannten Instrumente, wie das Flageolet, zu entzaubern wußte,
die Ruhe zu verschaffen, deren er so sehr bedürftig war.
Sie setzte sich neben ihn auf einen ausgebreiteten Tep-
pich, und wie die übrigen Väter vernahmen, daß sie
die zarten Saiten ihres Instrumentes anschlug, da
banden sie alle ihre schon sinkenden Kleider wieder fest,
und eilten auf den grünen vom Mondschein beleuchteten
Plan in ihre holdselige Nähe.

„Wie fühl' ich die Allgegenwart Gottes," sagte
Hali-Jong, nachdem Gylluspa den ersten Gesang be-
endet hatte; „ist es nicht, als zeigten alle diese wilden,
großen Felsen aus tausend Ritzen unzählige Nasen, dieß
symbolische Organ, an dem ich mich so frevelhaft ver-
sündigt haben soll? Meine Leiden machen mich zum
Visionär; und dennoch muß ich, was Andere als ein
himmlische Offenbarung schätzen würden, eine Pein
nennen, die mich mit Schrecken verfolgt. Dem Unglücklichen, welcher das Rechte verfehlte, wird es jetzt
in unzähligen Modellen geboten, so daß es mir den
Schweiß der Angst austreibt. Dieser Baum, jene Wolke,
dort der Stein, du mein Bruder, und du, und du
Gylluspa, ja die Tastatur deiner Guitarre, Alles rinnt
mir in jene Gestalt zusammen, gegen die ich so unselig
verstieß. Welcher Fakir würde diese Vision nicht für einen gotterleuchteten Zustand, für ein Schauen in das

Jenseits halten, und deßhalb kanonisirt werden? Ich, der ich nun auch die Geisterwelt in die unsre hereinragen sehe, darf nur darauf rechnen, deßhalb verdammt zu werden. Ach, meine Brüder, das ist der Zustand der Unseligen jenseits im Grabe, daß sie die Seligkeit genießen, und doch Ekel an ihr empfinden werden."

Die Brüder ehrten um so mehr den Schmerz Hali-Jongs durch Stillschweigen, als er wider seine Gewohnheit sich das Zugeständniß seiner Schuld entschlüpfen ließ. Gylluspa schlug wieder die Guitarre an, und sang ein Lied von Narrain, dem tibetanischen Krisna und Apollo, und seiner Liebe zu den Huli's, den schönsten Mädchen des Paradieses.

Eine Veränderung der Scene unterbrach diesen Gesang, dem die Männer mit aufmerksamer Wonne gelauscht hatten. Aus dem Gebirgspasse, der dem von den Reisenden betretenen gegenüber lag, brachen plötzlich einzelne verworrene Laute, die allmählich immer stärker wurden. Es war ein Getös wie von metallenen Instrumenten, die von Trommeln und rufenden Menschenstimmen begleitet waren. Lichtstrahlen fielen durch die dunkle Oeffnung des Thales, und ein voransteigender dichter Rauch kündigte einen nächtlichen Fackelzug an. In tumultuarischem Anlauf brach jetzt eine dunkle Horde von Menschen in das Thal, in wildem Aufzuge einzelne verzückte Ausrufe ausstoßend, und sie mit den lärmenden, kupfernen Kesselpauken begleitend. Diese Menschen erschienen zum Theil nackt, zum Theil mit langen Röcken bekleidet, um welche endlose Stricke gebunden waren. Mit den unbefestigten Enden dieser Stricke geißelten sie sich selbst und untereinander mit einer barbarischen Wuth und Erbitterung, deren Grund man in den Vergehungen suchen muß, die sie auf diesem Wege büßen wollten. Je beispielloser und blutrünstiger diese Liebkosungen waren, desto tiefer empfundener die Reue. Wenn man weiß, daß es für entnervte Körper eine Wollust ist, geschlagen zu werden, so wird man sich das Vergnügen erklären können, das die Gesellschaft über ihre schlagenden Unterhaltungen zu empfinden schien. Auf diese Weise durchstreifen die Sunneassers oder Fakirs die Gebirge, welche Indien und Tibet verbinden; die seltene Genügsamkeit, die sie sich auferlegen müssen, macht, daß ihre tumultuarischen Züge nicht denen der Heuschrecken gleichen, die ihre Richtungen nur mit Verwüstung bezeichnen. Im höhern Tibet werden diese Karavanen seltener, weil sie mit unüberwindlichen Schwierigkeiten des Orts verbunden sind, und aus der nur schwachen Bevölkerung sich nicht so vervollständigen können, wie in dem bevölkerten Süden. Sie stehen aber überall im Geruch einer großen Heiligkeit, und werden von allen Gläubigen beneidet, denen das Geschick nicht vergönnte, die heiligsten Wallfahrtsorte zu besuchen. Welcher Sunneasser hätte sich auch nicht in den Fluthen des Ganges gebadet? Dieß war eine Weihe, die einer Verjüngung zur Unsterblichkeit gleichkam.

Heli=Jong und seine Brüder waren bei der ersten Annäherung der wilden Heiligen aufgestanden, und hatten sich, Gylluspa in ihre Mitte schließend, in eine

demüthige Stellung begeben. Die Pilgrime schienen
im Thale raften zu wollen, würden aber ihr Gelübde
frevelhaft überschritten haben, hätten fie fich zur Ruhe
niedergelegt. Eine lange Gewöhnung gab ihnen die Fä=
higkeit, auch ftehend zu fchlafen, wozu fie fich aber, ob=
fchon der Mond im Zenith ftand, noch nicht anfchick=
ten. Alle Bewohner des Dorfes hatte die Ankunft der
heiligen Männer aufgeweckt, fie ftiegen aus ihren Hüt=
ten herunter, und warfen fich, den Segen der Pil=
grime erflehend, nieder. Diefe felbft bildeten einen
Kreis, und begannen unter der magifchen Fackelbeleuch=
tung, in ihrem abenteuerlichen Aufzuge, einen geheim=
nißvollen, aber wilden und für uns unehrbaren Tanz,
deffen Myftik die eleufinifche noch zu übertreffen fchien.
Aber Hali=Jong verftand vortrefflich, daß fie nichts
als die Menfchwerdung Colis vorftellten: eine Scene,
die er fehr oft in Kupfer ausgeführt, und fein Bruder
Heli=Jong mit blauer und rother Farbe angeftrichen
hatte.

Jetzt öffnete fich der Kreis der Büßer, und eine
Veränderung trat ein, die ohne Zweifel das Finale die=
fer afiatifchen Moralität vorftellen follte. Eine halb=
nackte, jugendliche, kräftige Geftalt ftürzte aus dem
Cirkel heraus, blieb dann plötzlich ftehen, warf fich wie=
der zurück, drehte fich im Kreife, und in demfelben Au=
genblicke zog fie Bogenwindungen, als fey fie Peripherie
und Centrum zu gleicher Zeit. Dabei klirrten unzäh=
lige Schellen und Glöckchen, die auf langen ledernen
Bändern befeftigt waren und den Leib umgürteten. Eine

Krone von Federn saß auf dem Haupte, und schien die
wunderbare Schnelligkeit dieser verzückten Bewegungen
zu beflügeln. Die Augen leuchteten in einer Verklä-
rung, die der Erde schon entrückt war. Die kleinsten
Theile am Körper, die Fingerspitzen, die Fußzehen,
waren wie von einer elektrischen Bewegung ergriffen.
Alles regte sich an dem Tänzer, und die versammelten
Tibetaner fühlten den Zauber nach, der in seinen phantastischen Wendungen waltete. Sie verstanden diese
gestreckten Lagen, wo sich Arm, Rumpf und Fuß zu
einer einzigen geraden Linie vereinigten, — die plötzliche
Verschränkung dieser Gliedmaßen, die so schnell vor sich
ging, daß man sie auf einen Augenblick aus dem Gesichte verlor, — diese Umarmungen eines Gegenstandes,
der zuletzt Niemand war, als der Tanzende selbst, — diese
wunderbaren Touren, die er im pfeilschnellen Fluge nach
allen Seiten, und nach allen fast zu gleicher Zeit hin-
zeichnete. Und als dieser erleuchtete Seher in den Kreis
der Uebrigen wieder zurückflog, und dieser unter lautem
Geschrei, Fackelschwingen und Lärmen auf den großen
Paukenkesseln geschlossen wurde, da warf sich Alles
neunmal auf die Erde nieder, und erhob eine Anbetung, daß vor Inbrunst die Berge widerhallten.

Wie der Schall einer Glocke allmählig in leisere
Luftschwingungen verhallt, so nahm auch der ungeheure
Ausdruck der religiösen Begeisterung in einem immer
schwächern Ton ab, bis nach und nach ein leises Murmeln eintrat, und zuletzt eine feierliche Stille, die um
so mehr gegen das Vorangegangene abstach, als auch

die Fackeln verlöschten, und die Mondstrahlen sich hinter einer Bergspitze sammelten. Die Dunkelheit verbirgt das merkwürdige Schauspiel einer im Stehen schlafenden Menge. Die Dorfbewohner stiegen in ihre Häuser, und Hali-Jong nebst seinen Brüdern, heftig ergriffen von diesen wunderbaren Scenen, folgte ihnen, voller Seligkeit, heute gleichsam in den Vorzimmern der Göttersäle zu ruhen.

Zweites Capitel.

Wer nicht seine Gedanken in die Ferne trägt,
hat den Gram in der Nähe.

Khung-Fu-Dsii.

Gylluspa's Reize umschloß ein kleines Zimmer, das
durch mehrere Vorhänge von dem Lager ihrer Väter ge-
schieden war. Wir können jetzt zum erstenmale einem
Wesen unsre ungetheilte Aufmerksamkeit schenken, dem
wir im Verlauf dieser Erzählung noch oft, und zwar
immer im Vorgrunde begegnen werden. Könnten wir
eine schönere Stunde, als die der Nacht dazu wählen,
um die seltene Schönheit dieses Zöglings der asiatischen
Alpen, ihre Gefühle, ihre Träume und ihre Hoffnungen zu belauschen?

Tibet ist das Land der Weiber-Emancipation. Hat
der berühmte Orientalist St. Martin die Religion dieses Volkes als eine überraschende Annäherung des Ka-
tholizismus empfohlen, so wundert es mich, daß die
St. Simonisten diesen Staat noch nicht citirt haben,
um einige ihrer, die Weiber betreffenden Lehren zu er-
läutern. In Tibet hört die Bevormundung auf, die
die Männer fast überall über die Frauen ausüben. Die
prüde Sittenrichterei über den Wandel einer Unverehe-
lichten ist hier unbekannt; man gewährt sich unter ein-

ander die Freiheiten, die man sich selbst nimmt, und
verlangt von dem Weibe erst dann Enthaltsamkeit und
Beschränkung, wenn sie in eine Familie als Gattin
eingeführt ist, — eine Ceremonie, die übrigens in den
einfachsten, factischen Formalitäten, ohne alle Herbei-
ziehung priesterlicher Symbolik, besteht. Das abenteuerliche Institut der Vielmännerei kömmt allen Ver-
irrungen entgegen, macht sie nicht nur unschädlich, sondern benimmt auch den ehelichen Verbrechen jeden Reiz,
der in dem Verbote immer liegen wird. Allerdings
sinkt dadurch die Liebe auf die niedere Stufe der Alltäg-
lichkeit herab; aber erwägt man auf der einen Seite,
daß einem Priesterstaate nichts willkommener seyn kann,
als die Erstickung der Leidenschaften, die eine Ueber-
tretung des gesetzlichen Cölibats herbeiführen, und auf
der andern Seite, daß die Liebe an der Hand einer unerklärlichen Macht, der gegenseitigen Achtung und der
Gewöhnung geht, und niemals ausbleiben wird, wo
noch zwei Herzen in einem Freundschaftsbunde ihren
Himmel sehen: so läßt sich nicht zweifeln, daß auch in
Tibet der süße Quälgeist der Herzen seine Wunden
schlägt, seine Siege und Triumphe feiert. Sollten
die Frauen denn aufhören, warm und zärtlich zu lieben, wenn ihnen die Wahl unter den Männern erleich-
tert wird? Sollten sie gegen die Treue gleichgültig
werden, wenn sich an die Untreue keine Strafen, nicht
einmal die Verachtung mehr knüpfen?

Gylluspa war in der ganzen Freiheit und Unabhän-
gigkeit einer National-Tibetanerin erzogen worden. Der

frühe Tod ihrer Mutter gab ihr die Zügel ihres eigenen
Wollens und Wünschens in die Hand; und doch konnte
sie zum Muster dienen, daß die Freiheit nicht immer
mit dem Mißbrauch derselben verbunden ist. Die
Liebe und Sorgfalt, mit der sich während der ganzen
Zeit ihres jungen Lebens vier Väter befleißigten, sie zu
zu überschütten, gewöhnte sie früh daran, alle Dinge
mit einem eigenen Gefühl von Hingebung und Zärtlichkeit zu betrachten. Die Eindrücke, die sie selbst empfangen, war sie auch nur im Stande, Andern wieder-
zugeben. Sie gewöhnte sich bald an alle die Tugenden,
die sonst nur im Gefolge einer berechnenden Ueberlegung oder einer ernsten Erfahrung einzutreten pflegen.

Zu diesen Vorzügen des Charakters gesellten sich
die Vollkommenheiten einer ausgezeichneten Erziehung.
Wer hätte in ganz Klein-Tibet so kunstvolle Charaktere
auf Seidenpapier zeichnen können, als des Götzenfabricanten Hali-Jongs geistreiche Tochter? In feine
Baumrinde verstand Gylluspa mit einem silbernen
Stifte die artigsten Gemälde von Vögeln, Blumen,
Göttern zu ritzen; sie malte mit einem dreihärigen Pin-
sel auf geglättetes Holz, und hatte viele Bilder, die in
den fernsten Gegenden wie vom Himmel gefallen angebetet wurden, mit ihrer seltenen Kunstfertigkeit geziert. Was soll ich von dem Scharfsinne ihres Geistes,
von der Feinheit ihrer Rede sagen? Sie wußte die Sagen der Götter schon in ihrem zehnten Jahre zu erzählen, in ihrem zwölften zu besingen, und in ihrem vier-
zehnten war sie Meister in der Fertigkeit, die alten

Dichtungen eben so geläufig von hinten herzusagen, als
sie es schon vor vier Jahren von vorne konnte. Auch
die Gabe der Verse fehlte diesem seltenen Kranze von
Tugenden nicht. Sie wußte mit dem Sloka, den die
tibetanische Poesie aus Hindostan adoptirt hatte, so vortrefflich umzuspringen, als nur je Valmiki oder der
bayerische Lieutenant Graf Platen. Ihre Bilder ließen an Präcision nichts zu wünschen übrig. Den
Muth verglich sie mit einem großen wilden Hunde, die
Nachgiebigkeit mit der biegsamen Pflanze Pia, den Anlauf des Kampfes mit der Angst der Geburtswehen,
und die Stärke mit dem Felsen Fataufatau. Wann
das Laub von den Aesten fiel, und das große Herbstfest
Mullaum eintrat, dann sang man in Paro nach den
althergebrachten heiligen Weiheliedern stets die Dichtungen, die aus Gylluspa's kunstreicher Rohrfeder ge-
flossen waren. Nie ist der Kampf des Durga mit
Sumne Sum, dem Haupte der Racusses, schöner be-
schrieben worden, als von ihr.

Was ist aber alles dieß gegen den Zauber ihrer
äußern Erscheinung? Wenn die Jünglinge aus der
Hauptstadt Tassissudon kamen und die Männer von
Paro beneideten, daß sie in dem ewigen Anschauen
einer solchen Schönheit leben konnten? Gylluspa besaß alle die Körperreize, die für den Mittel-Asiaten so
unwiderstehlich sind. Das dunkle schwarze Haar in
zwei mächtige Zöpfe geflochten, die tief herabhängend
am untern Ende mit Korallenschmuck, Türkissen, Seemuscheln geziert sind. Oben verband sie ein scharlach-

rothes Tuch, das geschmackvoll auf dem schönen Kopfe
befestigt war. Für die Augen einer Tibetanerin fehlt
es den Europäern vielleicht an Empfänglichkeit, aber
die künstliche Richtung, die ihnen früh nach dem Ohre
zu gegeben wird, macht auf den Eingebornen einen um
so stärkern Eindruck, je kürzer die Entfernung zwischen
dem Augenwinkel und der Ohrtrommel ist. Vielleicht
liegt in dieser Annäherung die symbolische Lehre, daß
namentlich die Frauen auf nichts hören sollen, was sie
nicht auch zu gleicher Zeit mit ihren Augen wahrnehmen.

In allem Uebrigen entsprach Gylluspa den Anfor-
derungen, die der verwöhnteste Europäer an eine Grazie nur machen darf. Regelmäßig gezeichnete starke
Augenbrauen, lange Wimpern über den Sternen, blen-
dende Zähne, ein schlanker, unmerklich mit dem Nacken
sich verschmelzender Hals, ein hoher Wuchs, und ein
Fuß, der sich von der in Tibet einreißenden chinesischen
Mode des mumienartigen Verkümmerns desselben gänzlich frei erhalten hatte. Würde man das Bild der jetzt
auf einem Löwenfelle hingestreckten Nymphe gezeichnet
haben, so durfte der Künstler hinter den Vorhängen die
versteckten Amoretten nicht vergessen, die sich an dem
Anblick dieser Formen, an dem leisen, schwellenden Athmen des hingegossenen Körpers lüstern und wonnetrunken weideten.

Ungeachtet Gylluspa nach der beschwerlichen Reise
und dem ungewohnten Ritte der Ruhe bedürftig war,
so umschlangen sie doch die Arme des Traumgottes nicht
so fest, daß sie hätte einschlafen können. Gaukelnde

Bilder zogen an ihrer Seele vorüber, und verscheuchten die Genien, die sich auf ihren Augenliedern ruhen wollten. Die Erscheinung der Sunneassers und der Tanz des jungen Schamanen hatten den lebhaftesten Eindruck auf sie gemacht, und in ihr Erinnerungen geweckt, an die sich eine lange Kette von Klagen und Seufzern schloß. Sie richtete sich von ihrer Decke auf, und das Haupt in ihre Hand legend sann sie den Zufällen nach, die ihr junges Leben betroffen und die schönsten Hoffnungen desselben zerstört hatten. Dieser Tänzer ließ sie wieder einen Augenblick in das Paradies blicken, das sie auf ewig für sich geschlossen glaubte; sein leidenschaftliches Auge, seine kräftige Gestalt, die finstere Stirn, das Meisterstück seiner bewunderten Kunst erinnerten sie lebhaft an frühere verschwundene Tage, wo sie den Schaman in der Nähe eines ihr Theuren und nach seinem Verlust Unersetzlichen gesehen hatte. War es der nicht, den sie glaubte, so ließ sich jetzt die Geschichte der Vergangenheit, die in der stillen Einsamkeit der Nacht an ihr vorüberzog, nicht mehr dämmen, sondern eine Erinnerung erzeugte die andere; immer neue Hüllen sprangen ab, und zeigten neue, die sich wieder zu andern Betrachtungen lös'ten, und zuletzt ein schwaches, verwundetes, gepeinigtes Herz zurückließen.

Ein dämmernder, halbwacher Traum legte sich endlich auf Gylluspa's brennende Augen, aus dem sie zuweilen durch die tiefen Seufzer ihres Vaters, die aus dem dritten Zimmer bis zu ihr drangen, geweckt wurde.

Sie träumte von den Tagen ihrer ersten Jugend, die sie auf dem hohen Schlosse von Dukka Jeung mehr verlebt hatte, als in den geräuschvollen Werkstätten Hali=Jongs. Sie träumte von den kindischen Spielen, die sie mit Maha Guru und seinen Brüdern getrieben, von den tausend Belustigungen, die sie als Kinder entzückten, und erst dann aufhörten, als Maha Guru nicht mehr in die Lieder einstimmen konnte, weil seine Stimme männlicher wurde, und in der Uebergangsperiode nur rauhe, unmelodische Töne von sich gab. Ihr Herz pochte stärker, als sie der einsamen Wanderungen in den Eichen= und Buchen=Wäldern um Dukka Jeung gedachte, und der trauten Gespräche, der Ahnungen einer künftigen heißen Leidenschaft; wie Maha Guru's zweiter Bruder sie oft überraschte, wenn das zärtliche Paar sich an einen einsamen Ort begeben hatte, um sich von den Göttern, von den Thieren, den Pflanzen, Steinen, von den Theilen des menschlichen Körpers, von der Seele, von den Gefühlen des Herzens zu unterhalten. Wohin war jetzt Maha Guru, der geliebte Lehrmeister, gerathen? wohin seine Brüder? Sollte sich Gylluspa nicht getäuscht haben, wenn sie in dem jungen Schamanen eine Aehnlichkeit mit dem ältern Bruder finden wollte?

Diese Fragen konnte sie sich nur wachend aufwerfen, denn Hali=Jong hatte einen so unruhigen Schlaf, daß er sich im Traume wälzte und streckte, und zuweilen laut sprach. Ihre Phantasie führte ihr dann neue, und doch immer wieder die alten Bilder vor. Sie

träumte sich in der großen Götzenhalle von Dukka
Jeung, wie sie mit Maha Guru vor das Bild des
Dewta Tschugtschu die heilige Lotospflanze stellte, die
er im Teiche gebrochen; wie sie sich niederwarf, wie
es ihr dann däuchte, als sey Maha Guru an die Stelle
des Dewta Tschugtschu getreten, und werde von ihr
an seinen glänzenden Füßen mit andächtigster, liebe-
seliger Hingebung geküßt. Es rauschte der Vorhang,
der vor dem Fenster hing und der Halle ihr geheimniß-
volles Dunkel gab; sie wandte sich im Traume um,
und erblickte den Schamanen, wie er das Gewebe zu-
rückbog und durch die Oeffnung stieg, um den Götzen
umzustürzen; da rief Hali-Jong seufzend: „um zwei
Linien verfehlter Proportion den Feuertod!" Sie erwachte. Sie hatte mit offenem Auge geträumt; denn
bis auf Maha Guru, den Götzen Tschugtschu und die
Lotospflanze hatte ihr die Phantasie nur Wirkliches ge-
zeigt. In der That, an dem Vorhange des Fensters
zeigte sich das dunkle Antlitz des Schamanen.

Ein Mädchen, im Schlafe von einem Manne überrascht, wird immer zusammenschrecken, sie mag am
Orinoko, an der Spree, an der Hudsonsbai oder auf
den Voralpen des Himalaya geboren seyn. Aber das
Indecente eines solchen Besuchs kann man nur in Tibet
so rasch vergessen. Der Fremde blieb auch dieß nicht
länger für Gylluspa. Als er ihr zugerufen hatte:
„fürchte dich nicht, du Taube von Paro!" und der
Mond seine Strahlen auf das blasse, ernste Antlitz des
Besuchers fallen ließ, da erkannte sie die Wahrheit

ihrer Vermuthungen, folgte ungesäumt der Auffor=
derung des Schamanen, in die Mondnacht hinauszu=
steigen, und sprang, freudig über dieß unverhoffte
Wiederfinden, von ihrem Löwenfelle auf. Einen lan=
gen persischen Shawl um ihre schönen Glieder wer=
fend, stieg sie mit Hülfe ihres Begleiters die Lei=
ter herab.

Der Schaman hatte seine abenteuerliche Tracht ab=
gelegt, und sich in einen weiten dunkelrothen Mantel
gehüllt. Wie ernst auch seine Züge blieben, so war die
Freude des Wiedersehens doch in ihnen unverkennbar.
Er schloß Gylluspa zärtlich in seine Arme, und hörte
lange nicht, daß sie ihn schon mit tausend Fragen be=
stürmt hatte, die auf nichts zurückkamen, als auf
Maha Guru. Der Bruder wich diesen Fragen aus,
vertröstete sie auf baldigen Bescheid, und sagte: „Soll
ich von Hoffnungen früher sprechen, meine Gylluspa,
als von dem Wesen, das sie noch hegen kann? Was er=
wartest du in Lassa? Was wird dein Vater zu seiner
Vertheidigung thun können?"

Gylluspa blickte den Schamanen betroffen an.
„Du zweifelst an dem glücklichen Erfolge dieser Reise?"
sagte sie. Du warst in Lassa, man kann das Verbre=
chen meines Vaters nicht größer machen, als es ist, und
die Strafe nur im Verhältniß zur Geringfügigkeit sei=
ner Schuld verhängen."

„Du hältst deine Wünsche für die gewissesten Er=
folge," war die wenig beruhigende Antwort.

„Die Feinde deines Vaters werden mächtig seyn,
wenn

wenn seine Freunde ihn auf einen Moment aus dem
Auge verlieren.“

„Was Feinde? Was Freunde?“ entgegnete un=
gläubig Gylluspa; „es ist der Vorwurf seines Verbre=
chens selbst, der ihn schützen muß. Die erleuchtete
Weisheit der Hohenpriester von Lassa wird den Knaben
nicht verdammen, wenn ihm sein Ball in einer andern
Richtung fliegt, als die er beabsichtigte.“

„Diese Weisheit, meine kluge Freundin, ist dem
Knaben um so gefährlicher, je erleuchteter sie ist.“ Doch
setzte der Zweifler hinzu: „Ich will deine Besorgnisse
nicht vermehren, weil in Einem Falle nichts zu fürchten
ist. Denn so lange der Regent, der die Stelle des
Lama bis zu seinem Wiedererscheinen im Fleische ver=
tritt, noch unter den Lebenden ist, läßt sich nur eine
billige Gerechtigkeit erwarten. Diesen Fall wird das
gütige Schicksal binnen einem Monate noch nicht auf=
heben. Und kömmt er wieder, der Herr der Welten,
und würdigt die Völker, ihre Gestalt anzunehmen —“

Der Schaman beendigte diesen Perioden nicht, son=
dern beschloß ihn mit einem leisen, fast spöttischen Lä=
cheln. Gylluspa konnte darin nur eine Beruhigung
finden; denn mußte sie nicht schließen, daß Niemand
die bösen Gedanken von den unschuldigen besser zu tren=
nen wüßte, als der Gott, welcher den Schlüssel zu al=
len Herzen hat? Sie ging einen Augenblick schwei=
gend neben ihrem Begleiter, um die Frage nach dem
Schicksale seines Bruders nicht zu rasch an das ihres
Vaters zu reihen; aber dieser erleichterte ihr den Ueber=

gang. Sie standen hinter den Gärten des Dorfs, die von blühenden Himbeerhecken eingefriedigt waren, und einen würzigen Duft in die stille, nächtliche Gegend, die in diesem Thale, und unter der Beleuchtung des Monds, den wilden, schroffen Charakter gänzlich verloren hatte, ausgossen.

Der Schaman zog Gylluspa an seine Brust, küßte die nicht Widerstrebende, und begann sein Loos zu beklagen, das ihn und die Brüder von Dukka Jeung entfernt, und in eine von der alten Einsamkeit so verschiedene Laufbahn geworfen hatte. „Dennoch, Gylluspa,“ fuhr er fort, „haben wir dich nie aus den Augen verloren. Ich war oft in deiner Nähe und belauschte dich in den Beschäftigungen, die an die Stelle unserer frühern Spiele getreten waren. Ich suchte die Oerter auf, die alle durch deine Fußtapfen geheiligt waren, und brachte Kräuter, Gräser, Blumen zu den Brüdern zurück, die, wenn sie welk waren, von Maha Guru's Thränen wieder erfrischt wurden.“

„Aber warum verbergt ihr euch? Warum verließet ihr plötzlich Dukka Jeung? Warum kehrte Maha Guru nicht wieder zurück?“

„Mein Bruder? Er kann in den irdischen Wohnungen nicht mehr wechseln, weil er sie alle verlassen hat.“

„Er ist todt?“

„Er lebt, und ist gestorben: erst dann wird er sterben, wenn er zu leben wieder anfangen wird.“

„Du sprichst in Räthseln, die ich nicht lösen kann.“

„Wer, meine Gylluspa, hat je die Windungen der Räthsel verfolgen können, die sich auf dem Simnu, dem Götterberge, angelegt haben? Maha Guru ist das Räthsel der Welt, Niemanden verständlich, als ihm. Du frägst, wo du ihn findest? Ich hab' ihn in meine Arme geschlossen, ihn mit meinen Liebkosungen bedeckt; und lagen dann Hunderte von Felsenspitzen zwischen mir und seinem Nachtlager, da ich ihn in der Frühe gesehen, so hatt' ich ihn noch immer in meiner Nähe. Die duftige Staude an der Felswand? Was ist sie? Ein süßer Hauch seines Mundes. Die sprudelnde Quelle, die sich durch die Steinritze drängt? Was trink' ich an ihr? Das Athmen seines göttlichen, seligen Lebens. Der Vogel in der Luft, der Mond am Himmel, die Tag= und Nachtgleiche, ein Stück wollenes Zeug? Was hab' ich daran? Alles, was da ist und seyn wird; ich bin der Zwillingsbruder aller Dinge. Gylluspa, deine Augen, deine Wangen, dein dunkles Haar? Sie sind nicht dein, sie sind Maha Guru's, du selbst bist sein Ebenbild, das ich anbetete. Der Bruder sinkt vor dem Bruder in den Staub. O großer König, gib mir deine Liebe!"

Gylluspa erschrack vor dieser wahnsinnigen Irrrede, und wehrte den Schaman ab, der vor ihr niedergefallen war, und den äußersten Saum ihres Shawls berührte, als gält' es den Pantoffel des Papstes zu küssen. Sie flehte und beschwor ihn, seine Besinnung zu sammeln, und seines enthusiastischen Irrthums mächtig zu werden. Der Niedergesunkene erhob sich, seine

Feierlichkeit war verschwunden, und er sagte: „Freun=
din, das ist das Räthsel Maha = Guru's, das du selbst
für unauflöslich erkennen wirst. Ziehe in Frieden mit
deinen Vätern gen Lassa! Sind Hali Jongs Götzen=
bilder auch in der Form, die er ihnen eigenmächtig ge=
geben hat, göttlicher Kraft und Gewalt, so werden sie
den Meister, der sie geschaffen hat, in ihren Schutz neh=
men, und sich damit selbst den Stempel ihres göttlichen,
unantastbaren Rechtes aufdrücken. Sey unbekümmert
um die Zukunft deines Vaters und um die deinige, selbst
dann, wenn die Priesterschaft für ihren Wahnsinn ein
Opfer haben will! Maha Guru? Du wirst ihn wie=
der finden. Die Strahlen einer großen Sonne wer=
den in Lassa dein Auge blenden.“

Gylluspa weinte, denn sie war unfähig, aus allen
diesen verworrenen Aeußerungen, hinter denen eine
unläugbare Wahrheit verborgen liegen mußte, einen
Schluß zu ziehen, der ihr verständlich gewesen wäre.
Ihr Scharfblick, der sich in so vielen Fällen bewährt,
und ihr den Ruf einer Turandot verschafft hatte, schei=
terte an der Rede und dem seltsamen Benehmen des
Schamanen. Dieser geleitete sie wieder zur Leiter,
die in ihre Kammer führte, zurück, brach eine Lilie, die
am Wege stand, und verließ sie mit den Worten: „Ich
habe nur einen Staubfaden aus dem Kelche dieser Blu=
me gerissen. Befeuchte sie mit dem frischesten Thau,
und dennoch wird sie morgen todt und welk in deiner
Hand liegen.“

In dieser Art von Räthseln war Gylluspa erfahr=

ner, sie beschloß darüber nachzudenken, während schon
der festeste Schlaf ihrer Erschöpfung zu Hülfe kam.
Der Schaman kehrte unter die steif aufgepflanzte,
schnarchende Horde der Sunneassers zurück; er allein
durfte sich zu Boden legen, weil er weder Geistlicher,
noch Büßender war.

Endlich brach der Morgen an, von dem Hali-Jong
wohl wußte, daß mit ihm der jüngste Tag seiner Freiheit gekommen war. Mit dem Abend dieses Tages
zog man in Lassa ein, und über Nacht schon konnte
das peinliche Verfahren der tibetanischen Inquisition
seinen Anfang nehmen. Er ließ Alles um sich geschehen. Sonst gewohnt, nichts unbeachtet zu lassen, jeden Sattelgurt zu prüfen, an jeder Arbeits-Verrich-
tung seiner Diener etwas zu tadeln, hier etwas höher,
dort etwas tiefer geschnallt, hier etwas offen, dort etwas bedeckt zu wünschen, sah er heute in die Welt, die
ihn verrathen hatte, mit gläsernen matten Augen hinein. Er bemerkte Alles und bemerkte Nichts. Er ließ
minutenlang sein Auge auf Gylluspa ruhen, und hätte
mit derselben Zärtlichkeit den Schweif seines Pferdes
ansehen können; denn er unterschied nichts mehr. Die
Dinge hatten ihre Umrisse, die Umrisse ihre Farben
verloren; er war von einem grauen Nebel umhüllt, und
sank in seine eigne Ohnmacht hin. Die Brüder mußten ihn auf den Sattel setzen, die Reitgerte in seine
Hand legen, und ihm sogar ihren Mund leihen, um
dem Pferde das Zeichen des Abmarsches zu geben.

Die Polizei ist nicht immer die nothwendige Folge

des Despotismus. Wo die Völker für Fesseln, die sie
tragen, kein Gefühl und keinen Zorn haben, da bedarf es keiner Zwangsmittel, keiner Trabanten, die
den Leib des Herrschers und den Geist seiner Gesetze
bewachen. In Europa lodert die Freiheitslust am
hellsten, und wir besitzen die organisirteste Polizei:
die türkische steht schon auf einer niedrern Stufe, weil
sie weniger zu thun hat: die tibetanische —? Diese
existirt gar nicht, obschon der Despotismus der dortigen
Hierarchie für uns unerträglich wäre. Wir sehen einen Verbrecher in ruhiger Ergebung und Erwartung
einer Leibes- und Lebens-Strafe nach dem Orte seiner
Verurtheilung hinpilgern, ohne vorgeschriebene Reise-
route, ohne Ablieferung an die Behörden, ohne Com-
missäre, ohne Gendarmen und requirirte Bauerwa-
gen. Der Gedanke einer Flucht kann in einem tibetanischen Verbrecherkopfe nie entstehen, weil die Hand
Gottes, der Priesterschaft, überall ist, weil Dalai
Lama über dreißig Millionen Königreiche der Erde
herrscht, und weil die Geographie in diesem Lande eine
noch unbekannte Wissenschaft ist. Man hat gesagt:
verbreitet die Aufklärung, und die Gerechtigkeit wird
leichter verwaltet werden. Jetzt lernen wir, daß
nichts so sehr zur Vereinfachung der Polizeipflege dient,
als die Beschränkung des Unterrichts. Wer von einem
Hamburg und dem Dampfboote nichts weiß, wird keine
Extrapost nehmen, um sich dahin mit untergeschlagenen
Geldern aus dem Staube zu machen. Ich predige so
loyale Lehren, daß ich mit Vergnügen sehe, wie sich

die Polizei-Präsidenten beeilen, auf meine künftigen Schriften zu pränumeriren.

Hali-Jongs Stumpfheit rächte sich bald. Die Tanguns-Pferde mit ihrem starken Halse, kleinen Füßen und kurzem Leibe sind zu kühn, als daß sie einer schläfrigen Hand gehorchten. Sein Roß bäumte sich, warf sich auf die Seite, und lief dann mit einer Heftigkeit auf dem gefährlichen Pfade fort, daß sich jeden Augenblick ein Sturz in die Tiefe befürchten ließ. Sein Reiter verlor den Zügel, seinen spitzen Hut, seine Stellung und lag mit dem Rücken auf dem wilden Thiere, das die Zurufe und der Lärm der Nachfolgenden nur noch heftiger anspornten. Es war ein Anblick, der Lachen erregen konnte, wie der ungeschickte Reiter die erste Widerspänstigkeit zu zügeln versuchte, dann sich verloren gab, die Beine in die Luft streckte, die kläglichsten Schreie ausstieß, sich mit den Händen rückwärts am Schweif des Thieres zu halten suchte, und endlich, um seine Anstrengungen zu krönen, zur Erde fiel. Glücklicherweise geschah diese Trennung von dem wilden Pferde einen Augenblick früher, ehe es in die Tiefe stürzte und zerschmettert den Abgrund erreichte. Der bleiche, zitternde Hali-Jong blickte seine nachgeeilten Gefährten mit bewußtloser Miene an; auf der Gränze zwischen Tod und Leben befindlich, setzte ihn jede Gefahr in Zweifel, ob er dem einen noch angehöre oder dem andern schon verfallen sey. Nur die Bemühungen seiner Brüder, der Anblick des zerschmetterten Pferdes, die Zurichtung eines neuen, gaben ihm die verlorne Besinnung wieder. Er faßte dießmal die Zügel fester, und begann wieder einige Worte von sich hören zu lassen, womit er seine besorgte Familie über Alles erfreute.

„Die Ereignisse dringen auf mich ein," sagte Hali-Jong; „ich kann mich allmählich daran gewöhnen, ih-„nen zu unterliegen."

„Die Gnade der Götter muß groß seyn über dir;" entgegnete der erste Bruder.

„Dein Glück ist mächtiger als alle die Zufälle, die „es bedrohen," der zweite.

„Man konnte nicht dem Verderben näher seyn, „wunderbarer nicht gerettet werden," der dritte.

Diesen Bemerkungen ließ sich nichts entgegen stellen; denn Hali-Jong fühlte sich gesund und wohlbehalten in seiner Haut. Er fühlte auch die Beziehung, welche die Brüder ihrem Erstaunen auf die bevorstehende Katastrophe von Lassa gaben; aber hier schien es ihm Vermessenheit, den Willen des Schicksals günstig deuten zu wollen.

„Nein, meine Brüder," sagte er; „ich bin den Göttern als ein Opfer bestimmt, das sie jetzt nur gerettet haben, um später seiner desto gewisser zu seyn. Ich trage mich nicht mehr mit schmeichelhaften Erwartungen. Mein Leben hat die göttliche Ordnung der Welt gestört, gleichviel ob die verbrecherische Proportion ein Werk meiner Blindheit, oder meiner Vermessenheit, oder meiner Unvorsichtigkeit gewesen ist; deßhalb muß ich durch meinen Tod dafür sühnen. Dieß ist ein

alter Brauch, den wir nicht antaſten wollen, weder mit
Werken, noch mit unſern unheiligen Worten.‟

Die abergläubiſchen Brüder wagten gegen ſolche
Schlußfolgen nichts einzuwenden; ſie vermochten ſich
nicht in Hali-Jongs Seele zu verſetzen, der alle ſeine
Beweisführungen nur deßhalb machte, damit man ſie
widerlegen ſollte. Und da dieß Niemand konnte, die
Brüder vielmehr dumm und verdutzt ſchwiegen, ſo fuhr
der Arme fort: „Ich habe mein Haus beſtellt. In
meinen letztwilligen Verfügungen iſt nichts enthalten,
das eines frommen Lamaiten unwürdig wäre. Mein
Vermögen iſt in zwölf Portionen getheilt, von denen
ich acht für euch, meine Brüder, und für dich, Gylluspa, die Tochter eines unwürdigen Vaters zurück gelegt. Mit dem übrigen Drittel will ich mir die Gnade
erkaufen, daß meine Seele nicht in die Luft verſchwin-
det, ſondern bei ihrer Wanderung erhalten wird. Ach!
möchte mich der große Lama deſſen würdigen, daß ich
einſt in einem fremden Leibe, und ſey es in dem eines
Hundes oder einer Katze, Ruhe finde! Alle meine
Lämmerheerden opfr' ich dem Kloſter in Taſſiſſudon,
ſollt' es mir da nicht vergönnt werden, in die Wolle
eines bis jetzt noch ungebornen Schafes zu wandern!
Die Früchte meines Obſtgartens beſtimm' ich für den
Zempi von Bukadewar, für einen heiligen Mann, deſſen Bitten die Götter noch nie etwas verſagt haben.
Meine Kleider vererb' ich für zehn Pilgrime, die für
mein Seelenheil ſich im Ganges baden ſollen, und für
zehn andre, die neun Jahre und einen Tag auf einem

Bein stehen, und kein Wort von ihren Lippen verlieren
sollen.   Endlich setz' ich eine Anzahl Lämmerfelle, per=
sischer Shawls und chinesischer Seidenzeuge zu dem
Zwecke aus, daß ein neues Handbuch für Ciseleurs in
den Götzenmanufacturen geschrieben wird, um sie über
die Distanzen einer dogmatischen Nase und eines kano=
nischen Mundes, kurz über ihr Seelenheil aufzuklären.
Für dieß Alles verlang' ich nichts, als daß die Götter,
wenn sie auf dem Simnu über meine Seele Rath
halten, sie nicht zur Verflüchtigung in den endlosen
Aether verdammen; (ach, ich fühle die Pein einer
solchen Strafe!) sondern ihr einen seligen Uebergang
in ein neues Leben verleihen möchten, und sey es in den
Körper einer Maus oder in das Gehäuse einer Schnecke.''
Auch den Brüdern lief es kalt über den Rücken, als
Hali=Jong von der Verflüchtigung in den öden, leeren
Raum sprach, und selbst Gylluspa legte flehend ihre
Hände zusammen, und murmelte still ein Gebet, daß
sie einst ein Vogel in der Luft seyn möchte, um vor
Maha Guru's Fenster zu singen, oder eine Schwalbe,
um ihm die Fliegen aus der Stube wegzufangen.
Dann aber richtete sie ihr schönes Haupt auf, und sprach
in Worten, die süß an das Ohr ihres Vaters klangen:
,,Vor allen Dingen, du Guter, bittet dich die, welche
unzweifelhaft die Tochter deiner Mutter und nicht ohne
Wahrscheinlichkeit auch die deinige ist, auf den Tritt
deines Rosses zu sehen, und die Zügel, wenn die eine
Hand müde ist, und du die andere nimmst, nicht immer
zu lang zu fassen.   Dann aber fordert sie dich auf, die

Wolken, die sich in den Furchen deiner Stirne gelagert
haben, durch einen heitern, vertrauenden Blick in die
Zukunft zu verscheuchen. Hätt' ich dich zum Tode be=
gleitet, so würdest du auf meinen Thränen nach Lassa
geschwommen seyn. Aber ich folgte dir, um deinen
Triumphzug zu genießen, der großen Rechtfertigung,
welche dir geschehen wird, beizuwohnen. Nein, mein
Vater, du stehst unter dem Schutze deiner Unschuld
und einer Gerechtigkeit, welche sie anerkennen wird.
Nicht auf deine Vertheidiger, sondern auf deine Rich=
ter vertraue! Die Weisheit des Regenten ist allen
Ländern auf den Flügeln des Rufes bekannt, deine
Sache hat, noch ehe du vor deinen Anklägern stehst,
eine seltene Berühmtheit erlangt, und alle Welt sieht
hin auf die Entscheidung, die eine weise Mäßigung ihr
geben wird. Du hast die heiligen Schriften nicht ge=
lesen, aber eine Ahnung ihrer Grundsätze hat mich
durchdrungen. Glaubst du, daß ich es nur in meiner
Demuth weiß, was sie über den Gebrauch der Gesetze
lehren? Kleingläubiger Thor, der Stellvertreter des
Lama führt die Wage der Gerechtigkeit; und wenn du
in die eine Schale alle Beschuldigungen, die dich ge=
troffen haben, und alle Vergehen, die ihnen einen
Schein von Wahrheit geben, legst, so wird sie dennoch
leichter seyn, als in der andern die Billigkeit und die
Mäßigung, welche unsre alten Lehrer den Gesetzgebern
zur Pflicht gemacht haben. Auf die Tugenden des
Regenten baue deine Hoffnungen!‘‘

Hali=Jong war gewohnt, die Worte seiner Gyl=

luspa wie die Weissagungen einer Seherin zu verehren.
Die Erwähnung des Regenten öffnete ihm einen ganz
neuen Kreis für seine Combinationen, und um darin
völlig sicher zu seyn, suchte er noch den letzten Zweifel
zu zerstören: „Meine Tochter," entgegnete er, „was
ist die Mücke auf dem Ohre des Elephanten? Kann
der, welcher das Auge des Weltalls vertritt, von einem
Sonnenstäubchen geblendet werden? Die Gylongs
von Lassa haben mich vor ihren Richterstuhl gezogen,
sie werden meine Berufung auf den Regenten ver-
werfen."

„Aber der Regent ist von deinem Handel unterrichtet, und es ist seinem Amte und seiner Tugend gemäß,
darüber zu wachen, daß er nicht zu deinem Nachtheile
geschlossen wird."

Gylluspa's Beredsamkeit konnte Hali-Jong unmöglich widerstehen; denn die Brüder schlugen die Hände
über ihren Häuptern zusammen, sich hoch verwundernd
über die Worte, die aus des Mädchens Munde kamen.
Der alte Neuerer und Ketzer wider Willen setzte sich in
aufrechte Positur, und stachelte sein Pferd mit sicht-
lichem Wohlgefallen über diese neue Ansicht seines bedenklichen Verhältnisses.

Die Weiterreise ging ohne Hindernisse von Stat-
ten. Lassa liegt in der Ebene. Die Reisenden würden diesen heiligen Sitz des verkörperten Gottes schon
in der Ferne gesehen haben, wenn die einbrechende Dunkelheit sie nicht daran verhindert hätte.

Unter Hali-Jongs Dienern befand sich einer, der die

Gegend und Lassa selbst kannte und vor Jahren schon einmal die Seligkeit empfunden hatte, dreitausend Schritte
vom Palaste des Dalai Lama die Erde mit seiner
Stirn zu berühren. Dieser hatte seinem Herrn viel
von dem Anblick, den die heilige Residenz in der Ferne
gewähre, erzählt, daß Hali-Jong darin eine wehmü-
thige Vorbedeutung sah, es nicht so anzutreffen. Statt
der goldnen im Sonnenscheine glänzenden Spitzen und
Thürmchen, die in der Erzählung des Dieners die
erste Spannung erregten, erschien unsern Reisenden nur
eine finstere Nacht, in der sich nichts natürlicher zu verbergen schien, als das Verderben, der Tod. Hali-
Jong war in solchen Auslegungen und Deutungen ein
unübertrefflicher Meister.

„Täuschen mich meine Augen nicht‟ sagte einer von
seinen Brüdern, „so flimmert weit über diese raben-
schwarze Finsterniß ein dämmernder, beweglicher Licht-
streifen.‟

„Wo? wo?‟ rief Hali-Jong, dem eine solche Erscheinung nur fehlte, um in seiner Symbolik günstigere
Resultate zu finden; „ich sehe nichts. Das ist Alles
schwarz ohne Unterschied: Schatten ohne Licht.‟

„Hili-Jong hat wahr gesprochen,‟ bemerkte
Holi-Jong; Heli-Jong sagte auch, daß Holi-Jong
dem Hili-Jong ein richtiges Zeugniß gegeben hatte.

„So will ich doch erblinden,‟ rief Hali-Jong, der
ein schwaches Auge hatte, und richtete sich dabei von
seinem Sattel so in die Höhe, daß er bald übergestürzt
wäre. „Ihr müßt durch weiße Gläser sehen, oder

Fries an euren Augen haben. Sagt mir nur nicht,
daß das kein Schwarz ist, was verderbenschwanger vor
uns liegt. Gylluspa, mein Kind, Falkenauge, was
siehst du?"

Gylluspa, die sich in süße Träume und in die nahen
Ueberraschungen von Lassa gewiegt hatte, bestätigte
jetzt die Aussage ihrer übrigen Väter, von deren Rich=
tigkeit sich auch zuletzt Hali=Jong überzeugen mußte.

Ein Lichtmeer wogte in der Ferne über dem dunklen
Raum. Der Widerschein einer Flamme konnte diese
Beleuchtung nicht seyn, weil sie ungeachtet eines hefti=
gen Zugwindes sich nicht flackernd bewegte, sondern in
derselben ruhigen, weder zu= noch abnehmenden Lage
und Stärke verblieb.

„Wir haben vor Kurzem erst das Frühlingsäqui=
noctium gefeiert," sagte Hali=Jong, sich nachdenklich
über die Stirne fahrend; „der Sommer kann nicht
aus dem Kalender gestrichen seyn; aber es scheint
fast, als feiere man in dem heiligen Lassa das Todten=
fest früher als in Tassissudon. Wäre das nicht auch
eine Neuerung?"

„Es müssen andere Ursachen zu dieser Beleuchtung
seyn," sagten die Brüder, und Gylluspa fügte hinzu:
„Wir stoßen in Lassa auf ein großes Unglück; die Stadt
ist in Trauer. Hört, welche Klagetöne durch die Luft
dringen!"

Den Reisenden war der Weg versperrt. Heulende
Banden zogen über die Straße, schlugen mi entsetz=
lichen Gebärden auf ihre Rücken, zerrauften das Haar,

und stießen Töne aus, die mit dem schmetternden, zer=
reißenden Schalle ungeheurer Metallbecken in grausen=
erregender Disharmonie standen.   Der Reisezug mußte
sich dicht zusammen drängen, um von den schwärmen=
den Haufen nicht auseinander getrieben zu werden.
Hali=Jong, der es seiner Frömmigkeit für angemessen
hielt, in den Ausdruck eines so gränzenlosen Schmer=
zes auch mit seiner Stimme einzufallen, war in der
peinlichsten Verlegenheit, weil er nicht wußte, über
wen er dieß tiefe Wehe anstimmen sollte.   Er fragte
links und rechts; aber entweder hatten die Angeredeten
vor dem entsetzlichen Lärm das Gehör verloren, oder sie
verstanden den butanischen Dialekt nicht, oder sie hüte=
ten sich, einen Augenblick in ihrem Geschrei inne zu
halten.

Hali=Jong sah, daß es einer ungeheuern Klage
galt, er besann sich nicht länger, sammelte alle Kraft,
die in seinem ausgetrockneten Körper zu finden war,
füllte die Luftröhre mit allem Winde, der sich nur in
ihm auftreiben ließ, und stieß diese Masse mit einer so
fürchterlichen Vehemenz von sich, daß sein Roß zusam=
men schreckte und mit ihm einige verdächtige Sprünge
machte.   Es war ein Instinct, der ihn trieb, in diese
unbekannte Trauer mit einzufallen, und nur die besorg=
lichen Bewegungen seines Pferdes hielten ihn ab, noch
einmal auf diese Weise seinem tiefgefühlten Schmerze
Luft zu machen.

Endlich hatte sich der Haufe verzogen, und die Rei=
senden gingen ungehindert durch das Thor der beleuch=

teten Stadt. Ueberall brennende Kerzen, Pechfackeln,
Lampen; eine Illumination, wie sie an dem Geburts=
tage deutscher Fürsten nicht glänzender seyn kann. Aber
in Tibet ist die Illumination noch nie ein Ausdruck der
Freude gewesen, sondern noch immer der Dolmetscher
eines Schmerzes, der sich in Worten nicht hinlänglich
wiedergeben ließ. Das herbstliche Todtenfest wird auf
diese Weise gefeiert, daß ein Jeder zum Andenken seiner
Geschiedenen Kerzen anzündet und sein Klagelied dazu
anstimmt. Was war in Lassa geschehen, das seine Be=
wohner in solche Trauer versetzte?

Hali-Jong hatte schon längst in dieser Verwirrung
die Besinnung verloren. Seine Brüder mußten wie=
der an seiner Statt handeln. Der in Lassa bekannte
Diener führte die Reisenden an einen zur Herberge
schon vorher bestimmten Ort; aber erst in dem Augen=
blick, als die Thiere in den Stall gezogen wurden und
Hali-Jong am Arme seiner Brüder, von seinem Gast=
freunde längst bewillkommnet, auf die Schwelle der
neuen Wohnung getreten war, wußte er, was mit ihm
geschah. Mit den Händen um sich schlagend, sprang er
auf die Straße zurück, und rief wie wahnsinnig: „Ihr
Elenden! wollt ihr mich zu neuen Gesetzesübertretungen
verführen? Ist euer Haus nicht unrein, wenn ich es
mit dem Athem meiner verbrecherischen Seele verpeste?
— Mein Nachtlager ist in dem Kloster der schwarzen
Gylongs, und zugleich mein Sterbelager, wozu sich
Lassa schon mit einer Illumination vorbereitet.“

Bis auf den Schluß war Vernunft in dieser Rede,

denn

denn Hali-Jong hatte von seinen Anklägern den Be=
scheid erhalten, sich bei seiner Ankunft in Lassa augen=
blicklich in das Kloster der schwarzen Gylongs zu ver=
fügen, und bei Todesstrafe keine andere Herberge zu
wählen. Die Brüder erinnerten sich dieses Bescheids,
und Gylluspa, die über Nacht in keinem Mönchskloster
bleiben durfte, weinte, daß sie den Vater verlassen
mußte. Sie schlossen alle einen Kreis um ihn, beglei=
teten ihn an die Pforte des genannten Conventes, durch
die er nach tausend Umarmungen, tausend Wünschen
und Versprechungen endlich verschwand. Die Uebrigen
kehrten in die Wohnung des Gastfreundes zurück. Es
war Hali-Jongs Commissionär, der auf seine Rech=
nung in Lassa den Götzenhandel trieb, und ihnen jetzt
seine Ställe, seine Speisekammer und seine oberen
Stockwerke, die für Fremde leer standen, mit innigstem
Vergnügen öffnete.

Hali-Jong war in eine Vorhalle getreten, die er
zwar prächtig erleuchtet, aber Niemanden darin fand.
Da war kein Vorübergehender, kein Pförtner, an den
er sich hätte wenden können, sondern nur der Wider=
hall einer religiösen Ceremonie, die, wie immer bei den
Tibetanern, in einem übermäßigen, von den lärmend=
sten Instrumenten begleiteten Geschrei bestand. Er
warf sich zur Erde nieder, um in dieser Stellung viel=
leicht einem Herantretenden aufzufallen, und um die
Dinge befragt zu werden, die er sich scheute, selbst zu
offenbaren. Wie sollt' er sich auch ankündigen? Als
einen Verbrecher, dessen That im ganzen Lande berüch=

tigt wäre? Oder sollt' er von seiner Jugend, seinem
Vater anfangen, um zuletzt bis auf sein jetziges Geschäft zu kommen? Aber Niemand redete ihn an. Er
stand wieder auf und maß ängstlich seine Schritte, die
er nun über den Hof zu setzen wagte. Dieser war rings
mit Lampen erhellt, und in seiner Mitte brannten mehrere hochlodernde Pechschalen. Hali-Jong lauschte an
der Thüre, die zu dem innern Heiligthume des Tem-
pels führte. Der alte Mann war so erschrocken von
dieser Art des Empfangs, den er sich vorher nur über
ihn herfallend, harpyenartig gedacht hatte, daß er in
diesem Augenblicke sich mit Mühe darauf besann, ob
der Lamaismus einem Laien den Eintritt in das Aller-
heiligste eines Klosters gestatte. Er schlug sich vor den
Kopf, als ihm einfiel, zu wie viel hundert Malen er vor
Mahamuni's Bilde im innersten Tempel von Taſſiſſudon gekniet habe, und daß selbst den Frauen bei Tage
erlaubt ist, in einem Mönchskloster zu verkehren. Er
öffnete also unbedenklich die Pforte, bog den Vorhang,
der das dunkle Vestibul von der Rotunde trennte, zurück, und schwamm jetzt in einem Meere von Licht und
aufgeschreckten Tonwellen. Welches andächtige Geschrei! welches wehmuthsvolle Paukengelärm! Eine
unabsehbare Menge von schwarzgekleideten Gylongs lag
vor einem ungeheuren Götzenbilde, das blau und roth
angestrichen, mit untergeschlagenen Beinen, und die
Fingerspitzen an die beiden Nasenlöcher gehalten, auf
die Schreienden herabsah. Rings um es herum
brannten unzählige Opferschalen, und zwei erhöhete

Estraden standen für die Musiker an seiner Seite. Aus
sechsfüßigen Trompeten klangen Töne, die das Welt=
gericht hätten ankündigen können; die Kesselpauken und
die Metallbecken, Gongs genannt, wurden dazu mit
einer Präcision geschlagen, die auf ein tiefes Studium
dieser Instrumente schließen ließ.

Hali=Jong wagte es nicht, zu den Mönchen hinab=
zusteigen, sondern er hielt sich auf der hölzernen Balu=
strade, die sich rings an der Wand des Gebäudes entlang
zog, und einem christlichen Chor ähnlich sah. Er trat nur
mit den Fußzehen auf, und hätte doch den marmornen
Schritt des Comthurs aus Don Juan haben können,
ohne in diesem Gewoge gehört worden zu seyn. Jetzt
stand er dicht bei dem Kolosse, der die Gefühle der zahl=
losen Menge elektrisirte. Ein Blick, ein Kennerblick,
und Hali=Jong sank zu Boden, überwältigt von dem
Gefühle, ein Kunstwerk von seiner Hand hier, in dieser
Umgebung, unter diesen Umständen wiederzufinden.
Ja, dieses Götterbild hatte er entworfen, er hatte die
Proportionen gemessen und den Thon zu dieser Gestalt
geknetet. Es war ein Tag der Erwartung, ein fest=
licher Tag gewesen, als die siebenfach im Feuer geläu=
terte Mischung aus dem glühenden Ofen in die har=
rende, gebrannte Form hineinzischte, und aus zwei
Theilen geschaffen, das hehre Götterbild dastand, nichts
mehr erwartend, als blau und roth angestrichen, ver=
kauft und angebetet zu werden. Alle Bewohner von
Paro waren damals in die Manufactur gekommen und
vor dem noch ganz frischen, dampfenden Götzen nieder=

gefallen, eine Huldigung, die für den Meister zwar
sehr schmeichelhaft war, ihm aber damals nicht be-
hagen wollte, weil die Leute nichts dafür bezahlten, und
er gewärtigte, daß die Anbetung den Gott abnütze und
er dadurch als ein schon gebrauchter im Preise sinken
könnte. Dieß Alles stand jetzt wieder vor seiner Seele,
und er murmelte die stillen Worte vor sich hin: „Po-
rungher, du treuer Freund deines Freundes, was muß
ich dir danken für deine Sorgfalt, die mein schönstes
Werk an diesen heiligen Ort verhandelte. Ach, hin-
fort wirst du meine Waaren nicht mehr zu so billigen
Preisen — was sag' ich? du wirst sie gar nicht mehr
verkaufen können, denn ich werde den Austritt von diesen geheimnißvollen Hallen nicht erleben. Wie würdest du für mich gesorgt haben, wenn ich das freund-
schaftliche Anerbieten deiner Herberge hätte annehmen
dürfen! Da lieg' ich nun hier, wie ein zertretener
Wurm, getrennt von meinen Lieben, die meines Ra-
thes, meines Anblickes bedürftig sind. Wirst du auch
für sie redlich sorgen? Wirst du ihnen nichts abgehen
lassen? Wirst du ihnen nicht altes Mehl zu ihrem Thee
geben? Werden sie Hammelfleisch so viel haben, als
ihres Herzens Begehr ist? Meine Gylluspa, daß ich
deinen Trost entbehren muß! Wo streckst du jetzt deine
weißen Glieder? Ist dein Zimmer von Ungeziefer
rein? Hast du ein Kohlenbecken, um dich zu wärmen?
Geliebtes Kind, weht auch kein Zugwind durch deine
Ruhestätte, und sitzen keine Motten in den wollenen
Vorhängen?"

Eine plötzlich erneuerte furchtbare Explosion der frommen Andacht störte unsern alten Freund aus seinen grübelnden ungewissen Fragen; er richtete sich auf, drückte sich an die Wand, und sah, wie die Gylongs aufstürmten und sich eine Treppe zur Balustrade heraufdrängten. Dann wandten sie sich hinter dem Bilde weg und stürzten mit einem aufrührerischen Geschrei auf eine andere Stiege, die sie betraten, als gält' es, sie im Sturm zu erobern. Doch blieb eine große Zahl im Tempel zurück, die übrigen schienen eine neue Ceremonie beginnen zu wollen. Hali=Jong war, wie die Natur des Alters es ist, neugierig, und ging mit Vorsicht den sich Entfernenden nach. Die letzte Scene hatte ihm Muth eingeflößt; ein gewisser Stolz über die Ehrfurcht, die man seinem Werke erwies, war sehr verzeihlich, und wir wünschen ihm denselben in einem solchen Grade, daß er anfinge, über sein Schicksal beruhigter zu werden. „Wie?" dachte er bei sich selbst, „kann ich mich nicht jetzt ohne Umschweife zu erkennen geben? Ich bin der Schöpfer eures Allmächtigen, der noch vor Kurzem den Enthusiasmus dieser Männer in eine solche Wuth versetzte. Was hab' ich zu fürchten?"

Unter solchen Betrachtungen, die sein Herzklopfen zur Ruhe brachten, bestieg Hali=Jong die zweite Treppe, die ihn wieder in ein Vorzimmer brachte, das durch einen Vorhang von einem großen Saal getrennt war. Hier bot sich ihm ein neuer Anblick dar. Die Beleuchtung dieses Saales ging von einer sonderbaren Vorrich=

tung aus, die in der Mitte desselben angebracht war.
Ein Herd von Backsteinen trug einen ungeheuren Kes=
sel, der aus einer Höhlung in der Unterlage geheizt
werden konnte. Der Rauch des Feuers ging an die
Decke des Gemaches, und fand durch eine Oeffnung an
derselben, die den freien Himmel sehen ließ, seinen
Ausweg. Der dämmernde Lichtschein, der sich von
diesem einzigen Punkte aus über die Halle verbreitete,
gab den versammelten Mönchen in ihren langen schwar=
zen Kutten, mit den todtenbleichen, von Kasteiungen
zerstörten Gesichtern, ein gespenstiges, grausenhaftes
Ansehen; dazu kamen die seltsamen Gebärden, die sie
machten. Sie schlossen einen großen Kreis, gaben sich
zu zweien die Hände, und liefen, tausend Verwünschun=
gen und heilige Flüche ausstoßend, um den lodernden
Herd herum. Endlich blieben sie stehen, hoben ihre
Hände empor, und flehten alle Martern und Qualen
auf einen Gegenstand herab, den sie mit euphemistischen
Ausdrücken umschrieben und verdeckten.

Hali=Jong, in dem Dunkel, das sein Versteck war,
begriff von dem Allem nichts. Das Räthselhafte die=
ses Schauspiels fesselte ihn, und er ließ keine der Be=
wegungen unbeachtet, deren Verständniß ihn über den
Sinn dieser tumultuarischen Procession hätte aufklären
können. Ein Gylong brachte jetzt einen großen Korb
herangeschleppt, der mit unaufhörlichen Anklagen und
Vorwürfen in die Mitte des Kreises an den Herd gestellt
wurde. Was enthielt er? Hali=Jong strengte sich an,
darüber Gewißheit zu erhalten. Er wagte sich einige

Schritte aus der schützenden Finsterniß hervor, und wie
schwach sein altes, an der Feueresse ausgetrocknetes Auge
war, so gab es doch gewisse Dinge, die er in der ent-
legensten Ferne erkannte, die ihm schon durch ein Fern-
fühlen verständlich wurden. Es war kein Zweifel, daß
dieser Korb mit Götzenbildern angefüllt war. Eine
feierliche Stille trat ein. Ein Gylong, an dessen Mütze
sich die Zeichen eines höhern Ranges erkennen ließen,
trat mit Würde hervor, hob einen Gott aus dem
Korbe, hielt ihn in die Höhe, wurde von den ver-
dammenden Kehlen acclamirt, und warf ihn in den sie-
denden Kessel.

Du unglücklicher Hali-Jong, wie grausam verfolgen dich die Wechselschläge des Schicksals! Noch von
dem stolzen Bewußtseyn getragen, der Beglücker einer
seligen Menge gewesen zu seyn, siehst du in demselben Augenblicke ein Strafgericht über die Werke
ergehen, die von derselben kunstfertigen Hand geschaffen sind! Recke nur den Hals; ja, sie sind es,
deine unheilvollen Fabricate, nach dem Willen der
Priesterschaft auf dem ganzen Erdboden confiscirt, und
hier demselben Feuer übergeben, das ihnen einst das
Leben einhauchte!

Und Hali-Jong erkannte sie alle, die Octav- und
Duodez-Götter, und die Götter im Taschenformat; er
sah auf hundert Schritte den Stempel seiner Fabrik,
der ihnen allen in einer hintern Gegend des Körpers eingedrückt war, und, ein Vater, der die eignen Kinder

vor seinen Augen schlachten sieht, stieß er einen herzzer=
reißenden Schrei des Entsetzens aus. Die Mitglieder
dieses heiligen Autodafe's würden ihn nicht gehört ha=
ben, hätten sie gerade einen in den Schmelztiegel flie=
genden Gott mit ihren Flüchen begleitet. So aber ent=
lud sich Hali = Jongs beklommene Brust in demselben
Augenblicke, als der Ketzerrichter einen neuen Unan=
gemessenen in die Höhe hielt und auf die Neuerung der
Nasen= und Mund=Bildung zeigte. Die Versammelten
stoben auseinander, Hali=Jong wurde entdeckt, ergriffen
und an den Herd geführt, um des Frevlers, der eine
kirchliche Handlung zu stören wagte, ansichtig zu werden.
Man zerrte ihn, man frug ihn, was er wolle? wer
er sey? warum er sich hier einschleiche? warum er ge=
schrien hätte? und Hali=Jong, schon besorgend, daß der
Meister seinen Werken in den Feuerpfuhl nachfolgen
würde, fürchtete sich, auf alle diese Fragen zu antwor=
ten. Erst als der Oberpriester die unberufenen Schreier
zurückgewiesen hatte, fielen aus Hali = Jongs Munde
allmählich die Geständnisse in einzelnen, zerbröckelten
Bruchstücken heraus. Er sagte mit erstickter Stimme,
daß er der unwürdige Vorsteher der Götzenmanufactur
von Paro wäre.

Dieß war genug, um die leidenschaftliche fanati=
sche Menge in die äußerste Wuth zu versetzen. Die
Priester fielen wie die Henkersknechte über den unglück=
lichen Mann her, rauften an seinem grauen Haare,
zerrissen seine Kleider, und schleppten ihn nach dem
Befehle des Ketzerrichters im Triumphe davon. Das

ganze Kloster war in Aufruhr, und begleitete den
Gefangenen in ein finſteres Gefängniß unter dem
tauſendfach wiederholten Ausrufe: ,,Er iſt gerichtet,
der Ketzer, der die Autorität des Lama und der Concile
verworfen hat! Er iſt gerichtet, der Verfertiger fal=
ſcher Propheten!''

Drittes Capitel.

Al-Tfü-Dfching sagte: Es ist genug, daß der Weise Reinheit des Herzens besitze; was sollen die Complimente? Dsü-King antwortete: Wie beklag' ich deine Aeußerung! Vier Pferde könnten sie nicht von meiner Zunge bringen. Entblöße das Fell eines Tigers oder Pardels von seinen Haaren, und es hat nicht mehr Werth, als das eines Hundes oder Schafes! Nein! ohne Complimente keine Reinheit des Herzens.

Unsichtbar treffen der Leser und der Autor wieder zusammen in einer Halle, deren Anlage und Ausschmückung so bezeichnend für den Charakter ihrer Bewohner ist, daß wir uns einer genaueren Beschreibung derselben nicht überheben dürfen.

Dieser Raum ist weit, aber nicht zu hoch. Den Fußboden bedecken kunstvoll gewirkte blumenreiche Teppiche, deren Muster sich an den Tapeten, welche die Wände bekleiden, wiederfinden. Wunderliche Arabesken bilden die Zeichnung derselben Drachen von großen, riesenhaften Blumen umschlungen. Kleine, niedliche Federzeichnungen, die der Akademie von Peking Ehre machten, hingen in reicher Anzahl an den Tapeten. In der Mitte des Zimmers erhebt sich zwei Stufen hoch eine Estrade, die von vier, einen Thronhimmel tragenden Säulen begränzt wird. Die Vorhänge, welche die vergoldeten Pfeiler verbinden, sind aus Seidenstoffen

und mit reichen schweren Franzen besetzt. Die Estrade
selbst bildete ein Sopha, auf dem sich nach orientalischer
Weise bequem zwei Personen mit untergeschlagenen
Beinen niedersetzen konnten. Vor diesem Gefäß stan=
den auf kleinen Erhöhungen kupferne Rauchpfannen,
die einen wohlgefälligen Geruch im Zimmer verbreite=
ten. Endlich hingen rings an der Decke eine bei uns
nicht unbekannte Art von Laternen, ovalrunde Behäl=
ter aus Seidenstoffen, die die Flamme umschlossen hal=
ten, und durch die gefärbte Gaze ein sanftes Licht fallen
lassen. Es war heller Tag, und dennoch brannten im
bunten Farbenspiel diese Leuchter, die zwar bei der son=
derbaren Gattung von Fenstern, welche wir, aus dünnen,
durchsichtigen Muscheln bestehend, hier antreffen, nicht
ohne allen Grund sind, aber den Europäer immer an
Diogenes erinnern werden, welcher am lichten Tage
mit der Laterne auf den Markt ging.

Diener sind beschäftigt, dieß Zimmer aufzuräumen,
die Kohlen unter den Rauchbecken anzuschüren, den
Staub von den Gemälden zu wischen und kleine runde
Tische aufzustellen, welche in einem Gesellschaftssaale
nicht fehlen dürfen. Es ist noch früher Morgen, die
Diener räuspern und recken sich, und wie zänkisch sie
sich auch untereinander begegnen, so unterließen sie doch
nicht, bei der ersten Begegnung sich zu fragen: „Hast
du schon Reiß genossen?" und darauf zu antworten:
„Ja, mein Bruder, und er hat mir wohl geschmeckt."
In Hinterasien diese spaßhafte Begrüßungsformel zu
vergessen, würde bäurische Sitte verrathen und dieselben

Vorwürfe zuziehen, als wenn wir unsern guten Morgen und guten Abend nicht über die Zähne bringen könnten.

Ein Oberhofmeister brachte in alle diese Beschäftigungen eine gewisse Ordnung. Die Erwartungen von hohen Besuchen trafen auch bald ein. Ein Tatar im kriegerischen Aufzuge überbrachte ein demüthiges Compliment und den Namen seines Herrn in einem Billet von rothem, in Form eines Schirmes gefaltetem Papier, wo auf dem letzten Blatte ein kleines dreieckiges Stück Goldpapier befestigt war. Der Oberhofmeister verbeugte sich mit Anstand, nahm das Billet und eilte damit in ein neben anstoßendes Zimmer, um es von dem Herrn des Hauses öffnen zu lassen. Er kehrte bald wieder zurück, verbeugte sich tief und sagte: „Mein „Herr entbietet dem deinen seinen Gruß! Die Schwelle „unsres Hauses wird frohlocken, wenn sie von den Ze- „hen am Fuße deines Herrn nur die leiseste Berührung „empfängt." Der Tatar verneigte sich mit Anstand und eilte, seinem Herrn die Annahme des gemeldeten Besuchs zu hinterbringen.

Da gab es keine Zeit mehr zu verlieren. Der Besuch war unmittelbar vor seinem Eintreffen angekündigt, und konnte in seinem Palankin jeden Augenblick vor der Thür eintreffen. Der Herr des Hauses folgte sogleich seinem Oberhofmeister, dem er sein Bewillkommnungsamt abnahm; denn die kleinste Verletzung des höflichen, für vornehme Leute passenden Ceremoniells, würde ihm eine schlaflose Nacht gebracht haben. Dieser Mann trug eine kleine Calotte von gesticktem, seidenem

Zeuge, die vorne mit einer weißen Perle verziert war, und ein kahles, mit einem mühsam gesammelten Zöpfchen versehenes Haupt bedeckte. Zwischen dieser Mütze und dem langen violetten Kleide, das aus schwerem Seidenstoffe zur Erde rauschte, saß ein Antlitz so beherrscht und abgeschliffen von der Welt, ihren Pflichten und ihren lebensklugen Lehren, daß sich hinter dieser todten Maske eben so gut die größte Weisheit wie die verschlagenste Ränkesucht hätte verbergen können. Auf dem Rücken des großblumigen Atlasgewandes war ein Quadrat eingestickt, in dessen Felde sich das sonderbare Symbol eines Storches befand. Kenner der chinesischen Kleiderordnung werden daran sogleich bemerken, daß wir die Ehre haben, mit einem Mandarinen der sechsten Classe Bekanntschaft zu machen. Dieselben Kenner werden dann auch bezeugen, daß dieser angesehene Mann einen Gürtel trug, den vier runde Schildkrötenplatten zusammensetzten, und vorn ein silberner Knopf zierte. Es folgte nicht nothwendig aus seinem Stand, daß schwarzseidene Stiefel seine Füße bekleideten, aber bezeichnend war es, daß er in ihnen (denn sie waren weit genug dazu) eine Anzahl Acten und ein vollständiges Schreibzeug versteckt hatte.

Schon seit einigen Minuten harrt in diesem Galla-Aufzuge der Herr des Hauses vor dem zweiten Portale seiner Wohnung, um abzuwarten, daß der angemeldete Gast endlich vor dem dritten erscheine. Da ist er. Unser Mandarin sechster Classe stürzt hinzu, hilft ihm aus seinem Palankin, ergreift seine linke Hand

mit der Linken, und schüttelt sie mit einer Grazie, die
man gesehen haben muß, um sie beschreiben zu können.
Aber was ist diese erste Begrüßung gegen die Artigkei=
ten, mit denen sich jetzt die beiden Leute überschütten!
— Jedes Zimmer hat drei Eingänge, wer soll die
Ehre, durch den mittleren zu gehen, erhalten? Un=
streitig der Gast; aber dieser ist viel zu höflich und be=
scheiden, eine solche Auszeichnung anzunehmen, er
sucht vielmehr seinen Wirth hindurchzuschieben, und
die Gelegenheit zu benutzen, durch eine der beiden Sei=
tenthüren den Eingang zu gewinnen. Das wollte der
Wirth zulassen? — Unmöglich, dieß wäre eine Ver=
letzung der Etiquette, die seiner Natur ganz zuwider ist.
Im Gegentheil bedarf es nur einer geschickten Seiten=
wendung, um durch eine Seitenthüre zu schlüpfen, und
in demselben Augenblick schon die Hand des Gastes zu
fassen, um ihn durch die mittlere Thür hineinzuführen,
eine Ehre, die nun der Besucher unter unaufhörlichen
Verbeugungen und einer gewissen gemachten Scham
annimmt.

Diese Scene wiederholt sich mit immer erneutem
Wetteifer zu drei Malen, bis sich die Herren endlich in
das Besuchszimmer hineinbekomplimentirt haben. Die
Bedienten springen jetzt hinzu, um nichts zu thun, als
einen einzigen Stuhl zu holen. Es ist chinesischer Ton,
daß der Wirth diesen saubern, lakirten Sitz, auf dem
die Sorgfalt des Oberhofmeisters auch wohl kein Son=
nenstäubchen geduldet hätte, erst mit einem Tuche leicht
abwischt. Jetzt eilt auch er zu einem Sessel, aber wer

wird sich auf den seinigen zuerst niedergelassen haben?
Um hier das Richtige und die feine Sitte zu treffen, be=
darf es eines jahrelangen Studiums des sich Nieder=
lassens; man mußte so alt seyn, als die beiden hier zu=
sammentreffenden Herren, um dieses Compliment in
seiner gehörigen Präcision auszuführen. Das Ganze
kömmt dabei darauf hinaus, daß der Eine die Kunst
versteht, den Andern zu täuschen, und dabei doch den
Schein anzunehmen, überlistet zu seyn. Die wechsel=
seitigen Bewegungen werden mit Geyeraugen belauscht,
die Entfernungen des sich setzenden Körpers von dem
Stuhle gemessen, die Faltungen des Atlaskleides berech=
net; der Eine gibt sich den Schein schon zu sitzen und
steht doch noch, und der Andere, wenn er der Haus=
wirth ist, würde gegen allen feinen Anstand verstoßen,
wenn er sich durch diesen Schein in der That überlisten
ließe, und früher den Sessel erreichte, als der Besucher.
In unserm Falle ist dieß Versehen durchaus nicht zu be=
fürchten; denn hier stehen sich alte, im Ceremoniell un=
verwundbare Personen gegenüber, denen auch dieß
schwierige Manöuvre, dieser glänzende Ausdruck gegen=
seitiger Hochachtung nur gelingen konnte. Jetzt sitzen
sie, sie halten sich gerade, die Hände nicht herumwer=
fend, nicht damit an den Kleidern ordnend, nicht die
Mütze rückend, sondern fest und unbeweglich auf den
Knieen liegend, und die Füße nicht übereinander ge=
schlagen, nicht auf dem Boden scharrend, nicht den
einen hinter, den andern vor den Stuhl gestreckt, son=
dern beide in gleicher, abgemessener, unbeweglicher

Entfernung vom Körper, die Mienen ruhig, ernst, pagodenartig.

Das erste Wort gebührte dem Wirth, denn an ihm war es, sich über die Ehre dieses Besuches glücklich zu preisen. „In der Stunde der Mitternacht,“ sagte er, „stieg der große Gott San = Pao = Fo hernieder, und raunte mir in das entzückte Ohr: „Siehe, dir wird am heutigen Tage eine unermeßliche Freude wiederfahren!“ Und als ich Ihren Brief, der mit akademischer Zierlichkeit zusammengelegt war, empfing, da schlug mir das Herz vor Freude, denn die Weissagung des Traumes war in Erfüllung gegangen.“

Das war eine Lüge; aber die Etikette verlangte, daß der Besucher sie durch eine ähnliche erwiderte. Es war ein Mandarin der fünften Classe mit einem dunkelblauen Stern an der Mütze. Aus dem Schilde, das er auf dem Rücken trug, sah man, daß er eine Militärperson vorstellte; denn diese Decoration war bei ihm in Gestalt eines Tigers. „Sie erzählen nur die Hälfte des Wunders,“ antwortete er; „San=Pao=Fo ist auch mir im Traume erschienen, und rief mir zu: Reinige die Canäle deines Ohres, und stelle die Jonke deines Fassungsvermögens in Bereitschaft, denn du wirst sie mit den reichsten Ballen der Lebensphilosophie in dem durchbrochenen Korbgeflechte kunstvoller, sententiöser Rede anfüllen können, weil du die Schwelle meines Lieblings durch deinen Fuß entheiligen willst! Und siehe da, ich sitze auf dem Rohrstuhle der Erwartung.“

Dem Wirth stand es frei, diese Aeußerung für ein Com=

Compliment, oder für mehr als dieß zu halten. Wir müssen gestehen, daß ihn zuweilen die Eitelkeit anflog, und er den Civilmandarinen der sechsten Classe doch immer noch höher stellte, als den Militärmandarinen der fünften, der einen Knopf von Bergkrystall tragen durfte. Aber er war zu vorsichtig, solche Ansichten auszusprechen. Er sagte also: „Khung=Ju=Dsii, unser großer Meister lehrte: Halte nichts auf deine Weisheit, denn sie ist oft nur der Widerschein deiner Umgebungen! Und wer sind Sie, mein Freund? Ein Stern am himmlischen Reiche, dessen Glanz meine Finsterniß erleuchtet. Die Nachricht, welche der gestrige Abend in mein Haus brachte, verlangt vor Allem, daß ich von Ihnen über mein künftiges Betragen belehrt werde."

„Mit nichten, mein Freund," antwortete der Gast; „zwei Pfeile treffen sichrer, zwei Augen sehen weiter, und auf zwanzig Zehen steht man fester. Der Tod des Regenten gibt mir Gelegenheit, die Rathschläge Ihrer Weisheit zu hören; daß ich sie befolge, verlangt meine Freundschaft und mein geringes Maß von Klugheit, wenn ich anders auf meinen Wegen nicht straucheln will."

„China ist die Blume des Weltalls," sagte der Wirth mit demüthigen Blicken; „von ihrem Dufte erfrischen sich die Königreiche der Erde, sie erquickt sie alle, und auch diesem Reiche, das heut seinen neuen Beherrscher empfangen wird, fließt ihr Wohlgeruch zu."

„Ich fühle in meiner Hand nicht die Kraft," entgegnete der Gast, „Tibet unsern Schutz zu entziehen.

Ich handle nur im Auftrage dessen, den uns der Him=
mel sandte, und habe schon einen Courier nach Peking
beordert, um für diesen neuen Fall meine Instructio=
nen zu holen.

Der Civilmandarin hatte längst dasselbe gethan, er
bemerkte, daß der Gast damit sagen wollte, wie es kei=
nem von beiden zukäme, eigenmächtig zu verfahren, und
fuhr fort: „Aber wir können nicht warten, bis uns
die Depeschen und die Hofzeitung zukommen; heut ist
der Regierungsantritt des neuen Lama, und wir müs=
sen Sorge tragen, bei den Feierlichkeiten in allem
Glanz unserer Macht zu erscheinen.‟

Das waren nun die großen Rathschläge, die der
Besucher von dem Wirth verlangt hatte, Dinge, die
sich von selbst verstanden, und über welche sie beide nur
der Formalität wegen zu conferiren schienen.

Es trat eine Pause ein, in welcher Thee servirt
wurde. Jedem der Herren stellten die Bedienten einen
lakirten Teller mit kleinen Biscuits vor. Der Besu=
chende warf die Frage hin: „Wer ist der neue Lama:
wie ist er?‟

Der Civilmandarin zuckte die Achseln, er wollte
nichts von ihm wissen: „Ich kenne ihn nicht,‟ sagte
er ausweichend; „auch unser Kaiser ehrt die Gott=
heit in ihm, und wir müssen uns freuen, daß das
geistliche Regiment endlich wieder an die Stelle des
weltlichen tritt.‟

Der Militärmandarin sagte: „Ohne Zweifel!‟
fing aber doch wieder von der Herkunft, der Erziehung,

dem Charakter des neuen Herrschers zu fragen an, worüber sich der Wirth so unwissend stellte, als der Andere überzeugt schien, daß er unterrichtet war. Als jedoch der Gefragte eine lange Tirade über die Unerforschlichkeit der Götter, über die Dunkelheit ihrer Wege begann, und sie endlich mit dem Ausrufe schloß: „Kann eines Sterblichen Auge in die geheime Werkstatt der Götterzeugung schauen! Wird es nicht erblinden an den Strahlen, die ihm entgegen leuchten!" Da verzweifelte der Gast, aus dem verschlossenen Manne etwas herauszubringen, schlürfte seine Tasse leer, steckte nach ächt chinesischer Sitte den nicht verzehrten Rest der Biscuite in sein Kleid und erhob sich von seinem Sessel. Unter Wiederholung des langwierigen Ceremoniells, begleitete der Wirth seinen Freund wieder zurück in seinen harrenden Palankin.

Wer waren diese Menschen? Wir werden ihnen noch oft begegnen, und müssen sie also kennen lernen.

Tibet liegt in der Mitte zwischen Indien und China, zwei Ländern, die auf es in religiöser und politischer Hinsicht mannichfache Einflüsse ausüben. Während in den südlichen Theilen des Landes die Religion den Annäherungen und Vermischungen mit hindostanischem Cultus ausgesetzt ist, steht der Norden in einer lästigen Botmäßigkeit, welche sich die Chinesen im Laufe der Zeiten über ihn angeeignet haben. Die Chinesen besitzen die schlaue Politik, welche wir nur im Alterthum, in den Eroberungen der Römer wieder finden, die religiösen Heiligthümer eines unterworfenen Landes unan-

getastet zu lassen, wodurch sie ihre Absicht, alle Fäden
der bürgerlichen Einrichtungen in ihren leitenden Hän=
den zu haben, um desto vollkommener erreichten. Der
Dalai Lama, zu dessen Verehrern sich nicht selten die
chinesischen Kaiser zählen, muß an seinem Hof chine=
sische Gesandte aufnehmen, die nicht die auswärtige
Macht ihres Herrn repräsentiren, sondern befugt sind,
sich in Tibets innere Verwaltung zu mischen. Es gibt
in einer solchen Abhängigkeit keine Gränzen. Das erste
Zugeständniß bahnt allen übrigen den Weg, und tau=
send scheinbare Gefälligkeiten können dazu dienen, einen
lästigen Zwang, dessen man sich nicht erwehren kann,
vorzubereiten. Die chinesischen Abgeordneten dürfen in
einem fremden Lande nicht ohne Schutz gelassen werden,
und es leuchtet ein, daß die Grundsätze des asiatischen
Völkerrechts nicht hinreichen, um ihnen denselben zu
gewähren. Welches ist die Folge dieser Nothwendig=
keit? Eine fremde Kriegsmacht auf dem einheimischen
Boden. Neben dem tibetanischen Militär ist fortwäh=
rend in Lassa ein chinesisches Armeecorps stationirt. Un=
ter den Gründen, die für eine solche Erscheinung ange=
führt werden konnten, war der einfachste, aber nicht
der wahrscheinlichste der Schutz, welcher dem chinesischen
Gesandten von Hause aus mitgegeben werden mußte.

Die zwei wichtigsten Personnagen der Gesandtschaft
haben wir bereits die Ehre gehabt kennen zu lernen.
Es war der General der chinesischen, in Lassa stehenden
Truppen, Ming=Ta=Lao, Mandarin der fünften
Classe, welcher bei dem chinesischen Correspondenten

Leang=Kao=Tsu, der zufällig in seinem Mandari=
nenrange eine Stufe tiefer stand, aber als Civilbeamter
und chinesischer Gesandter von dem General keine Be=
fehle anzunehmen hatte, jenen nutzlosen, ceremoniellen
Besuch abstattete. In jeder Stellung, wo sich Gleich=
berechtigte in demselben Geschäftsgange begegnen, wer=
den Eifersucht und Verstecktheit die nächste Folge, zuwei=
len unvermeidlicher Reibungen seyn; aber bis zu dem
äußersten Grade dieser Leidenschaft, die um so heftiger
wird, je mehr sie sich unter der Maske der Höflichkeit
und des Anstandes verbirgt, kann es nur ein chinesi=
sches Gemüth bringen. Argwohn, Ehrgeiz und Be=
trug ist die unheilige Dreizahl der chinesischen Untugen=
den, und von dem Kaufmann an, der seine Waaren
anfeuchtet, um sie schwerer zu machen, bis zu den An=
feindungen und Intriguen der Beamten wird die Mehr=
zahl dieses Volkes von ihnen beherrscht. Was konnte
also natürlicher seyn, als daß aus dem Bestreben, sich
gegenseitig den Rang abzulaufen, die beiden Repräsen=
tanten des chinesischen Reiches am Hofe von Lassa in
den treulosesten Verhältnissen standen? Der General
hatte von seinem Stande einige Sitten angenommen,
die die schlechte Richtung seines Charakters bei weitem
milderten. Obschon er unter der Maske der Freund=
schaft seinem Collegen alle erdenklichen Nachtheile an=
wünschte, so war er doch wenigstens zu träge, sie ihm
selbst zuzufügen. Er beschränkte sich darauf, über die
mißrathenen Plane des Correspondenten zu lachen, und
würde sich kein Gewissen daraus gemacht haben, ihm,

wenn er an einem unvermeidlichen Abhange der Gefahr
ausgesetzt gewesen wäre jeden Augenblick zu stürzen,
ohne weiteres den letzten dazu nöthigen Stoß zu geben.
Der Civilcorrespondent andrerseits war nicht in der Lage,
daß die Umstände seine Tugenden hätten begünstigen kön=
nen. Ihm fehlte der Anhang einer Umgebung, die,
Abwechselung gewährend, auch der Sucht zu herrschen
eine unschädliche Richtung gab, und welche der General
immer in seinen Truppen fand. Dem Corresponden=
ten blieb nichts übrig, als sich an dem tibetanischen
Hofe eine imposante Stellung zu sichern, und sich mit
dem Hofe von Peking in lebhafter Verbindung zu er=
halten. Da es in seinem Amte lag, über den Zustand,
die Ereignisse, die Menschen von Tibet fortwährend an
den Sohn des Himmels zu berichten, so konnte es ihm
auch nicht schwer fallen, zuweilen seiner Eifersucht ein
Opfer zu bringen, und über die in Lassa stationirten
Truppen Bemerkungen anzufügen, die ein Unbefange=
ner mit einfachem Namen Verleumdungen genannt
hätte. Der General sagte aber, er fürchte sie nicht,
an ihm ließe sich nie der Orden der Pfauenfeder verdie=
nen, und die beiden Collegen waren die besten Freunde;
sie hielten zusammen ein Exemplar der Pekinger Hof=
zeitung, schickten sich Thee= und Reißproben, und ga=
ben Visiten und Gegenvisiten.

Wir haben Leang = Kao = Tsu, kaiserlich = chinesischen
Correspondenten am Hofe von Lassa, nur von einer
Seite seiner Häuslichkeit kennen gelernt, ja, ihn selbst
schildern, heißt, ihn nur halb schildern. Seine Seele

glich der Frucht, deren Schale zwei Kerne verschlossen hält. Das zweite Moment seines Lebens war Niemand, als Schü-King, seine geistreiche, schöne, leidenschaftliche Schwester.

Soll ich Schü-Kings Reize schildern, wenn ich sie an der Toilette beobachte? Oder soll ich sie dir vorführen in jener behaglichen Stellung, wenn sie auf einem Sopha sitzend nach ächt chinesischer Sitte die Tabakspfeife zuweilen in den Mund führt, die weißgeschminkten Backen mit Rauch anfüllt, und ihn dann in bläulichen Wolken aus dem Munde herausziehen läßt? Oder endlich wenn sie geheimen Rath mit ihrem Bruder pflegt, und ihm mit Planen, Intriguen und krummen Wegen an die Hand geht?

Schü-King war stolz auf ihren schlanken, mittlern Wuchs, auf ihre kleinen, länglichen und gekrümmten Augen, auf ihren frischen glänzenden Teint, auf alle diese für eine Chinesin so wesentlichen Schönheiten. Aber was waren diese natürlichen Reize gegen die Kunst, mit der sie diese zu beherrschen wußte? Mit fertiger Hand zog sie die schwarzen Tusche in zierlichen Bogenstreifen über ihre Augenbrauen. Welches dämmernde Incarnat legte sie auf ihre Wangen, welche Purpurröthe auf ihre Lippen, auf denen sich nichts schöner ausnehmen konnte, als der blutrothe Farbenpunkt, der die Mitte der untern zierte? Den Kopfputz erwähne ich nur; denn die chinesische Haartour, die in einer Art von Chignon aufgekämmter und mit goldenen Haarnadeln befestigter Locken, die geschmackvollen

Verzierungen durch künstliche Blumen, haben längst vor
dem Richterstuhle der Mode in Paris eine glänzende
Rechtfertigung erlebt, haben den Lauf um die Welt gemacht, und tausend europäischen Engelköpfen vollen-
dete Triumphe verschafft. Aberdieß sind nur Plagiate,
ängstliche Copien, die weit hinter ihren Originalen zurückbleiben. Die Schönheit ist erst dann vollkommen,
wenn sie von der Harmonie des Ensemble unterstützt
wird. Schü-King war eine Chinesin, und sie besaß
Alles, was sie hiezu stempelte. Sie lehnte sich nicht
gegen die Sitte ihres Landes auf, sondern kokettirte
selbst mit den Reizen, die wir abscheulich finden. Man
erräth, daß ich von ihren unbedeutenden, unansehn-
lichen Füßen, von diesen sonderbarsten aller verjüngten
Maßstäbe, sprechen will. Ihre Füße waren so klein,
daß ihre Hände dagegen noch riesenhaft erschienen. Man
rathe, wie lang und breit ihre Schuhe waren. Ich
habe ihr nie dazu Maß genommen; aber eine Länge
von einem Zoll und eine Breite von anderthalb ist schon
das Aeußerste, was sich vermuthen läßt. Und dennoch
fehlt allen diesen Vollkommenheiten ein Schmuck, den
der Chinese mit Bedauern an Schü-King vermissen
wird. Wir würden sogleich bereit seyn, diese Zierde
eine garstige Unart zu nennen, aber das sind die Ver-
schiedenheiten des Geschmacks. Wer so glücklich in
China ist, den Nagel am kleinen Finger der linken
Hand zu der Länge von 4 bis 5 Zoll zu hegen und zu
pflegen, kann auf eine tief gefühlte Huldigung, die
man seiner Schönheit darbringt, rechnen. Wer die-

sen Nagel gar zu einer Länge von 6, 8, 10 Zoll zu
bringen im Stande ist, der ist auf dem Wege, unter
die Götter versetzt zu werden; der Geruch der Heiligkeit
ist ihm schon hienieden gewiß.   Schü-King besaß diesen
Schmuck nicht, und sie beklagte oft einen Verlust, der
in ihren Augen nicht gering war.   Sie bereitete sich
selbst dieses Leid; denn ihr Charakter, ihre Leidenschaft-
lichkeit, das Feuer in ihren Bewegungen, waren für
jene Nagelverlängerung, was die Raupe für ein junges
Blatt.   Wie konnte sie, die nicht gewohnt war, verschleiert im Hinterhause zu sitzen, und sich von Ver-
schnittenen und alten Weibern Mährchen erzählen zu
lassen, fortwährend mit einem Bambusfutteral am linken Finger versehen seyn, die Gesticulationen ihrer
Hand ängstlich betrachten, und ihre Seele an diesen
Nagel hängen? Wenn sie ihn auch einmal zwei Monate lang gepflegt und aufgefüttert hatte, so geschah es
bei einer etwas lebhaften Demonstration, die sie ihrem
Bruder machte, daß er in eine falsche Lage kam, und
im Nu abknickte; dann weinte sie mit ihrem Bruder,
aber der Nagel war verloren.   Ach! sie war so schön,
so reizend; mußte ihr ein tückisches Schicksal nur diese
Zierde mißgönnen?

Schü-King trat so eben aus einem Säulengange in
das Gesellschaftszimmer, als ihr Bruder von dem Ge-
leit, das er dem General gegeben, zurückkehrte. Welche
zärtliche Bewillkommnung unter den Geschwistern! Wie
süßlich Leang-Kao-Tsu, der Correspondent, die Fingerspitzen küßte, um die Freude an seiner Schwester zu er-

kennen zu geben! Sie erkundigte sich nach King-Ta-Lao's Besuch und sagte, ihre böswilligen Absichten schlecht verbergend: „Mein Bruder, du hättest deine Brille statt am Ohr zu tragen, auf die Nase setzen sollen. Wie war er gekleidet? Trug er die gesetzmäßigen Farben? Hat er dich durch eine falsche Façonnirung, durch einen losen Knopf in deiner Eigenschaft und Würde nicht geringschätzig behandelt?

„Sey versichert, meine Turteltaube," antwortete der zärtliche Bruder, „daß ich auch nicht eine Nath aus dem Auge verloren habe. Er ist schlau dieser Fuchs, und trägt seinen Schwanz, wie er nach der großen Kleiderordnung von Tschin-Song, aus der Dynastie Song, nur zugestutzt seyn kann."

„Auch nichts von gelber Farbe, lieber Bruder, nur einen Faden gelber Seide auf seinem Körper, und wir haben Genugthuung."

„Auf diese Hoffnungen wollen wir nicht bauen," entgegnete der Correspondent; „der kluge Mann befolgt drei Regeln, sagt ein weiser Lehrer. Er läßt keine Eisenstäbe vor sein Fenster bauen: denn sie locken den Dieb. Er verschmäht die Süßigkeit des Weines: denn den Wein haben die Advocaten erfunden, um die Processe zu vermehren. Er hütet sich vor der gelben Farbe: denn sie ist die Farbe des Kaisers, und in die Vorrechte des Himmels eingreifen heißt: seinen Körper um einen Kopf bringen. Der General versteht zwar nichts von diesen Lehren, aber der Instinct leitet ihn, ihren Inhalt zu befolgen."

„Was denkt er über den neuen Lama? Kennt er
ihn? Ich fürchte Bruder, du lässest dir eine Falle legen.‟

„Du nennst mich deinen Bruder, Schü=King?‟
antwortete der Correspondent mit lächelnder Miene, sich
seinen kleinen Stutzbart streichelnd. „Was er denkt?
Die Klötze denken nicht. Eine Falle? Die Füchse be=
sitzen nur ihre Schlauheit bis zu dem Grade, daß sie
die Fallen vermeiden. Nein, meine Schwester, in der
Nacht ist kein Schlaf über meine Augen gekommen.
Diese Veränderung der Regierung bietet meinen Pla=
nen die Hand. Ich umstricke sie alle, und werde mir
ohne Mühe meine Auszeichnungen verdienen. Kannst
du zweifeln, daß ich in einem Monate die Pfauenfeder,
in zwei den Rubinknopf an der Mütze, und die Agat=
steine am Gürtel, und im dritten den goldenen Pelikan
auf dem Rücken habe?‟

„Deine Aussichten auf die Zukunft solltest du,‟
sagte die vorsichtige Schü=King, „eher noch weiter hin=
ausschieben, als daß du den nächsten Augenblick unbe=
achtet lässest.‟

„Was will deine Seele damit sagen?‟

Schü=King trat auf den Bruder zu und erklärte sich:
„Lassa ist in Bewegung, um sich zu dem Schauspiele
vorzubereiten, das am heutigen Tage noch aufgeführt
werden soll. In dem großen Pompzuge, der zu Ehren
des neuen Lama gehalten wird, darf allerdings dem Ab=
geordneten des himmlischen Reiches nächst dem Heilig=
sten nur der ehrenvollste Platz angewiesen werden;
aber wie wirst du mit dem General rangiren? Mein

Bruder, bedenke, wenn dein Palankin nur einen Zoll
hinter seinem Pferde zu stehen käme?"

Nur auf einen Augenblick überflog den stolzen Cor=
respondenten das Schreckliche, was für ihn in dieser
Möglichkeit liegen würde, dann sann er darüber nach,
ob eine Zurücksetzung seinem Ansehen und noch mehr
seinen Planen schaden könnte; endlich aber ergriff er
Schü=Kings Hand, lachte und sagte, das Mädchen am
Ohrzipfel und an der Nasenspitze küssend: „Trag' um
die Ehre deines Bruders keine Sorge! Ich muß der
heiligen Person am nächsten stehen, um ihre Bewegun=
gen zu beobachten. Das verlangt meine Instruction,
das verlangt die Hofzeitung, für die ich meine tibeta=
nischen Zustände schreibe."

Schü=King gab sich zufrieden, und bat den Bruder,
ihr die Schminke nicht von der Nase zu wischen.

Auf die uns schon bekannte Art wurde jetzt ein neuer
Besuch angekündigt, angenommen und bewillkommnet.
Der Oberst Tschu=Kiang konnte für Schü=Kings
Verlobten gelten, obschon es Augenblicke gab, da ihn
die spröde, eigensinnige Schwester des Correspondenten
nur auf sehr ungewisse Hoffnungen verwies. Er war
nur noch Mandarin der neunten Classe, und trotz seiner
schönen, einschmeichelnden Gestalt sagte sie doch zuwei=
len, daß er deßhalb ihrer unwürdig sey, und es blieb
ihm dann nichts übrig, als den Moment abzuwarten,
wo sie, erbittert und entmuthigt durch irgend einen fehl=
geschlagenen Plan, wieder eines Gegenstandes bedurfte,
der sie zerstreute, und den sie quälen konnte. Tschu=

Kiangs Zärtlichkeit ging noch weit über seine Eitelkeit. Es beglückte ihn, Schü-Kings Kleidessaum zu küssen, oder aus ihrem kleinen Schuhe lauwarmes Wasser zur Erquickung zu trinken. Diese Hingebung contrastirte seltsam zu dem Werthe, den der Oberst auf sich selbst legte. Wenn man ihn sah, wie er sein kleines Bärtchen an der Oberlippe schwärzte, die Enden sauber beschnitt, und die Entfernungen auf beiden Seiten nach der Linie abmaß; wie er die, auf dem Gesichte zuweilen wuchernden Härchen mit Seidenfäden umwickelte, um sie mit Stumpf und Stiel auszureißen; wie er seinen Zopf des Abends aus zwanzig Strähnen flechten ließ, und ihn in ein Futteral steckte, um ihm über Nacht seine Condensität nicht zu rauben: so schien es auffallend, wie ein Weib gegen diese Reize gleichgültig seyn konnte, und ihm selbst zwar am meisten.

Tschu-Kiang trat ein und spielte seine Rolle als chinesischer Stutzer vortrefflich. Er behandelte das Ceremoniell nur mit einer gewissen Oberflächlichkeit, die auch in dem affectirten Styl seines Ganges wiederkehrte. Der Körper wiegt sich, alle Theile an ihm hängen nur mit einer schlotternden, aufgeknüpften Nachlässigkeit zusammen, der Unterleib muß mit der rechten Schulter in einer correspondirenden, zuckenden Bewegung fortwährend abwechseln, und dem Gange ein Uebergewicht nach der rechten Seite hin geben. Die Kleidung entspricht diesem Benehmen, wenn man an die Stelle der graciösen Nachlässigkeit die übertriebene Sorgfalt und Zierlichkeit treten läßt. Welche präch=

tigen Koſtbarkeiten waren über dem Helm, über die
glatte Stirn und über den Gürtel gezogen! Welche
Reichthümer an Edelſteinen hingen an den weißgemal=
ten Ohrzipfeln! Tſchu=Kiang glich einem Bräutigam,
der zum erſten Male in die Kammer ſeiner Braut tritt.

Der Oberſt unterließ niemals durch ein Geſchenk
oder ſonſt eine Gefälligkeit ſeine Beſuche willkommener
zu machen. So griff er auch heute zuerſt nach ſeinen
ſeidenen Stiefeln, aus denen er etwas Eingewickeltes
hervorzog.

„Was bringen Sie, mein junger Freund?“ fragte
der Correſpondent.

„Nichts von Belang,“ antwortete der Oberſt;
„aber als ich mich geſtern Abend, müde des Gelärms
in den Straßen, zur Ruhe legte, klopfte es noch
ſpät an die Thür der Caſerne. Ich höre Pferde=
getrappel, einen Wortwechſel mit der Schildwache,
die ſpäte Beſuche nicht hereinlaſſen ſoll, und da=
bei zuweilen meinen Namen nennen, an den appellirt
zu werden ſchien. Ich ſchickte hinunter, verſchaffte dem
Boten Einlaß, erhielt ein zärtliches Schreiben von
meiner Tante und ein großes Stück geräuchertes Rind=
fleiſch, das von einem der berühmten Ochſen in Wampu
geſchnitten iſt.“

„Sie Glücklicher!“ konnte der neidiſche Correſpon=
dent, der einen guten Biſſen nicht verſchmähte, anzu=
merken nicht unterlaſſen.

„Mein väterlicher Freund! Sie beſchämen mich,“
fiel der zuvorkommende Oberſt ein, und wickelte das ſau=

bere, in Seidenpapier geschlagene Päckchen aus ein=
ander. „Kann ich mit einer Probe, der auf einen
Wink von Ihrer Hand mehr folgen wird, aufwarten?"

Einem solchen Anerbieten und dem kräftigen, wür=
zigen Geruche, der es begleitete, vermochte der Corre=
spondent nicht zu widerstehen; er griff hastig zu, und
steckte die dargebotene Gabe, die in kleine Theile ge=
schnitten war, in den Mund.

„Es ist unübertrefflich, dieß classische Vieh von
Wampu," sagte er mit verstopfter Stimme, und fügte
dann kauend hinzu: „Die heilige Sage hat den Ur=
sprung der Kühe von Wampu erklärt. Sie erzählt von
einem Gotte, der bei einem Mandarinen am grünen
Fluß einst einkehrte. Dieser lebte in frommer Gott=
seligkeit, und mühte sich ab, seinem dürren Boden einen
Ertrag abzugewinnen. Der Gott wollte ihm die Rein=
heit seines Herzens belohnen, und sagte zu ihm: In
aber drei Jahren werden deine Kühe goldene Kälber
werfen! Der Mandarin erstaunte, fuhr aber fort, sein
Land zu bebauen, es mit Canälen zu durchschneiden, die
grüne Weide zu schonen, kurz dieß Versprechen des
Gottes ging herrlich in Erfüllung, denn seine Kälber
wurden auf dem Markte mit Gold aufgewogen. Von
diesem Mandarinen am grünen Fluß stammen alle
Ochsen in Wampu. Ihre Tante wird Ihnen das er=
zählen können. Ihr Fleisch find' ich delicat."

Schü=King hatte sich beim Eintritt des Obersten zu=
rückgezogen und ein zweiter Narcissus ihre Unterhaltung
in einem Spiegel gesucht. Sie vertiefte sich im An=

schauen ihrer Schönheit, verfolgte die sanften Wellen=
linien, mit denen die Natur nur in ihren Feierstunden
zeichnet, und ging in dem glänzenden, schwarzen Ab=
grund ihres Auges unter. Der alberne Oberst mit sei=
nem Rindfleisch! Auch Schü=King hatte Geruchs= und
Geschmacks=Nerven; der würzige Geruch stieg ihr in die
Nase, und den Heißhunger ihres Bruders verwün=
schend, ließ sie den metallenen Spiegel aus der Hand
fallen.

„Herr Tschu=Kiang," sagte sie, um ihren Aerger
zu unterdrücken, „sollte seinen Degen und Helm in das
Depot abliefern, zu seiner Tante ziehen, die Landwirth=
schaft lernen, und sich endlich als Markt= oder Speise=
Meister in Peking oder Kanton anstellen lassen."

Der Oberst, immer noch vor dem schmausenden
Correspondenten stehend, und ihm mit beiden Händen
das Papier hinhaltend, ließ es über diese Anrede fallen,
wandte sich zur holden Sprecherin und sagte mit süß=
licher Stimme: „O Schü=King, Widerschein eines
höhern Lebens, ich werde täglich gewisser in meinen
Hoffnungen, die Sie einst Vermessenheit nannten. Wie
Sie liebevoll für meine Zukunft Sorge tragen! Warum
soll ich den Helm, der nächst dem Zopf die schönste
Zierde meines Hauptes ist, warum soll ich den Degen
von meinen Lenden legen, für die er geschaffen ist? Sie
fürchten für mein Leben; denn die Gefahren des Kriegs
sind unzählbar. Aber meinem Muth, meiner Tapfer=
keit, meinen bewiesenen Tollkühnheiten werden Sie die
letzte seyn, Ihre Bewunderung zu versagen? Kriegeri=

scher

ſcher Größe hält ſich der zarte Sinn des Weibes am
meiſten verwandt.''

„Von welchen Gefahren ſprechen Sie, lieber Oberſt?''
fragte Schü-King lachend. „Die halbe chineſiſche Artillerie beſteht aus papierenen Kanonen, und die andere
Hälfte iſt von den Tataren vernagelt worden. In den
Schlachten ſind die Cavalleriſten durch ihre Regenſchirme geſichert. Ich muß lachen, wenn Sie von Gefahren
ſprechen.''

Schü-King, der Traum meiner Seele,'' antwortete Tſchu-Kiang, „wird niemals im Stande ſeyn, einer
grauſamen Empfindung ihr fühlendes Herz zu öffnen.
Nein, dieſe Regenſchirme ſind eine Erfindung der Hu-
manität, und unſer aufgeklärtes Zeitalter ſollte die Ausgabe nicht ſcheuen, ſie feuerfeſt zu machen. Das Wech-
ſeln der Kugeln iſt im Kriege eine traurige Nothwen-
digkeit, die wir den tückiſchen und feigen Europäern
verdanken; nur im Handgemenge zeigt ſich die Kraft
und die Gewandtheit eines Mannes.''

Der Oberſt wollte von dieſen Vorzügen, die ihn
perſönlich trafen, ſogleich eine Probe ablegen, und fuhr
mit der rechten Hand hinter die linke Seite des Rü-
ckens, um ſeinen Säbel mit Blitzesſchnelle aus der
Scheide zu ziehen. Man weiß, daß die Chineſen ihre
Säbel mit der Spitze nach vorn und dem Griff nach
hinten tragen, und demnach über den Rücken vom Leder
ziehen. Aber der Oberſt ſelbſt hatte vergeſſen, daß außer dem Dienſt die Klingen befeſtigt ſeyn müſſen, und
die Probe ſeiner Tapferkeit, die in der ſchnellen Ge-

wandtheit beim Herausziehen liegen sollte, konnte deßhalb nur einen komischen Erfolg haben, über den Schü-
King in ein unmäßiges Lachen und Händegeklatsch ausbrach. Tschu-Kiang ließ beschämt die vernagelte Scheide fallen, und strich sich verlegen seinen gewichsten Kne-
belbart.

Endlich hatte sich der Correspondent von dem ver-
führerischen Anblick der zerschnittenen Fleischstücke dadurch befreit, daß er sie aufgegessen hatte. Die chinesische Gefräßigkeit, die alle Gränzen überschreitet, machte
jetzt seinen Speculationen wieder Platz, und es fiel ihm
zuerst ein, daß ihm zur Verfolgung derselben der Oberst
nicht günstiger hätte erscheinen können. „Vom Krieg
redet ihr, meine Lieben?" begann er, der von dem lächerlichen Gestus des Obersten nichts bemerkt hatte, und
könnt über einen so ernsten Gegenstand euch in Lachen
ausschütten? Lao-Tse äußert sich darüber wie immer
mit einer unübertrefflichen Wahrheit. Der Krieg, sagt
er, ist ein Kaufmann, der seine Kunden betrügt. Er
gibt ihnen Sand in goldnen Büchsen und Asche in ver-
silbertem Seidenpapier. Der Krieg macht dich mächtiger und reicher, aber er verwildert deine Sitten, und
macht dich stinkend vor den Göttern. Ich finde darin
eine traurige Wahrheit, an der nichts Lächerliches ist."

Schü-King gab dieß zu, erklärte aber: „das himmlische Reich hat vor einigen Lastern Ruhe, und der
Krieg gehört dazu. Mit wem wollen wir Krieg führen? Wo soll sich die Tapferkeit Tschu-Kiangs bewäh-
ren? Warum ist der Oberst nicht in die Factorei nach

Kanton gegangen, um unter den holländischen Fahnen zu sterben?"

„Wir sind täglich den Gefahren des Krieges ausgesetzt," sagte der Verspottete; „die innere Ordnung des Staats ist nur die Folge kriegerischer Anstrengungen. China's Polizei hat nichts von der Polizei in andern Ländern, sondern bei uns ist sie ein Krieg der Guten gegen die Bösen, der Wachsamkeit gegen die Verruchtheit. Es ist wahr, die Hälfte unsrer Artillerie sind papierene Kanonen, aber wir müssen sie bedienen, als seyen sie von Metall. Können Aufrührer, die nur zu oft die Ruhe des himmlischen Reiches stören, in der Ferne unterscheiden, ob die Lunte über einer fingirten, oder einer vernagelten oder einer dienstfähigen Kanone schwebt? Sie werden vor jeder zurückschrecken, und der Krieger muß also jede auf gleiche Weise behandeln. Nein, wir haben noch nicht aufgehört, auf dem Fuße des Krieges zu stehen."

Es war jetzt an dem Correspondenten, seine Entscheidung zu geben; er aber zog sein Antlitz in sehr ernste Falten, nickte einige Male nachdenklich und ließ sich schweigend auf den Divan neben Schü-King, die ihren Spiegel nicht aus der Hand ließ, nieder. Die Diener ordneten die Mittagstafel an, und der Oberst erhielt seinen Ehrenplatz. Der Correspondent von seinem geräucherten Rindfleisch halb gesättiget, fand Zeit, seinen Mund auch zum Sprechen in Bewegung zu setzen. Nach dem ersten Gericht, das aus marinirten jungen Bambusstängeln, einer zarten Frühlingsspeise, bestand, ergriff er ein Kelchglas mit Wein, hob es bis zur Stirn, setzte es an den Mund, trank in sieben langsamen Zügen auf das Wohl seines Gastes, und senkte es dann tief auf den Tisch, wie es chinesische Sitte ist, weil Jedermann sehen mußte, daß es auch in der That und Wahrheit geleert war. Dann begann er, in seine Rede unzweifelhaft eine versteckte Absicht legend: „Wenn ich auf das Wohl eines Freundes trinke, so denk' ich dabei nicht nur an die Erhaltung seines Glückes, sondern auch an die Beförderung desselben. Sie, mein Theurer, stehen auf einer Stufe, die für Ihre Jugend außerordentlich ist. Ich erstaune, welchen Weg sie noch machen können mit Ihren Empfehlungen, Ihren Talenten.‟

Schü-King reichte dem sich stolz aufrichtenden Tschu-Kiang ein in China sehr geschätztes, kostbares Gericht, gebratene Hirschschwänze, und fügte die ironischen Worte als Aufguß hinzu: „Zwar ist der Hirsch ein schlechtes Symbol für einen Krieger, aber die Schönheit seines Geweihes übertrifft Alles. Der Hirsch ist ein umgekehrter Mandarin; je mehr Enden er an seinem Geweih hat, desto kostbarer sein Werth; der Mandarin, je weniger Grade er zählt, desto vornehmer sein Stand. Auf welcher Stufe stehen Sie doch Oberst?‟

„Auf der neunten, Schü-King,‟ antwortete Tschu-Kiang sehr ernst; „aber die Liebe zu Ihnen wird meinen Talenten Flügel geben; ich zweifle nicht daran, daß der Sohn des Himmels beim nächsten Avancement mich die achte Stufe überspringen läßt, und mich sogleich auf die siebente befördert.‟

„Dann kommen Sie mir ſehr nahe,‟ ſagte lächelnd
der Correſpondent, dem es ein bitteres Gefühl war,
noch auf der ſechsten Stufe zu ſtehen. „Aber laſſen
Sie die Erwartungen, die Sie auf ungewiſſe Zufälle
richten. Man muß weiter reichen als das Schickſal.
Das iſt ein Grundſatz, der zwar irreligiös klingt, aber
aus der tiefſten Lebensphiloſophie geſchöpft iſt.‟

„Mein Bruder hat Recht,‟ ſagte Schü-King,
„das Terrain iſt Ihnen nicht günſtig, Tſchu-Kiang.
Zwei gleich harte Steine mahlen nicht gut; zwei Sonnen
dürfen am Himmel nicht ſtehen. Was ſchadet Ihnen
die Nebenbuhlerſchaft des Generals? Verlaſſen Sie das
kalte Laſſa!

Der Oberſt wurde heute von dem Uebermuthe ſei-
ner Freundin grauſam verwundet. „Der Wille des
Kaiſers bindet mich an dieſen Ort,‟ ſagte er; „ich kenne
nur ſeine Geſetze und die welche mir das eigne Herz
vorſchreibt. O Schü-King, verläßt die Eidechſe den
Ort, wo ſie ihren Rücken ſonnen darf? Pflanzt ſich die
Blume auf einen Felſen, wo ſie nur im Stein wurzelt?
Wie kann ich Laſſa und Ihre Nähe verlaſſen?‟

„Mein Freund!‟ unterbrach ihn der Correſpondent;
„Sie kennen die Geſinnungen meiner Schweſter, aber
die meinen ſind Ihnen noch verborgen. Auch dieſe werden Ihnen offenbar werden, wenn ich Sie mit den Auf-
trägen bekannt mache, die ich von Peking erhalten habe.
Ihr Name ſteht unter den vornehmſten Perſonen, die
zur Ausführung derſelben beſtimmt ſind. Nach der heu-

tigen feierlichen Procession erwarten Sie darüber die
nähern Aufklärungen.''

Tschu-Kiang war entzückt. Dieß Vertrauen überraschte ihn, obschon er nicht daran zweifelte, desselben
im höchsten Grade würdig zu seyn. Die Erwähnung
der Procession erinnerte ihn an die Erneurung seiner
Toilette, er nahm noch einige Tassen Thee, sagte Schü-
King einige Schmeicheleien über die liebenswürdige
Art, mit der sie jetzt die Tabakspfeife in den Mund
nahm, und empfahl sich, von dem Correspondenten bis
zum Ausgang begleitet. Sie winkten sich einander zu,
als wüßten sie das schon, was sie erst erfahren sollten.
Nichts kann uns einen dümmern Anstrich geben, als
die Affectation des Einverständnisses.

Schü-King begab sich in den Harem ihres Bru-
ders, der Correspondent beeilte sich, für die heutige Festlichkeit seinen officiellen Schmuck anzulegen.

Diese Festlichkeit folgte in unmittelbarem Wechsel
auf die gestrige Trauer-Ceremonie. Es ist die Pflicht
des Lebenden, das Recht der Todten anzuerkennen.
Freude und Leid reichen sich wechselseitig die Hände, um
den Menschen in der größten aller Tugenden, in der
Mäßigkeit, zu erziehen. Der während der Minder-
jährigkeit des jungen Lama an der Spitze der Geschäfte
stehende Stellvertreter war kurz vor dem Ende seiner
Regentschaft gestorben. Obgleich der Lama noch nicht
völlig das gesetzmäßige Alter erreicht hatte, so war man
doch in der Berechnung einiger Monate nicht peinlich,
und zog den, welchem Jahre wie Stunden sind, aus

seiner Verborgenheit hervor, um ihm die Zügel der
Weltordnung in die Hand zu geben. Man vermied die
neue Wahl einer Statthalterschaft von zwei Monaten,
und sah in dem Tode des Regenten den Willen der Gott=
heit, sich bald in Fleisch zu offenbaren. Deßhalb folgte
auf das Trauerfest um einen weisen, besonnenen Mann,
dem Tibet seine Erhaltung während zehn Jahren ver=
dankte, sogleich das große Freudenfest der endlichen Er=
scheinung des Königs der sechszehntausend Welten, das
Fest der Wiederkunft des Himmels auf der Erde.

Wir wollen die frohlockenden Bewohner von Lassa
nicht verfolgen, wie sie ihre andächtigen Empfindungen
in den Tempeln und Straßen zur Schau tragen, wie
sie die Luft mit ihren Jubeltönen erfüllen, und mit
sechsfüßigen Trompeten den Herrn des Himmels in die
Welt einblasen. Wir begnügen uns den festlichen Zug
zu beschreiben, welcher den Dalai Lama aus seinem
frühern Sitze in die Burg der Götter geleitete, und
daran nichts zu ändern, als die pompöse Langsamkeit
durch einen mehr beschleunigenden, raschen, anapästi=
schen Schritt.

So weit sich in einem Tage die Nachricht von dem
neuen, der Welt erschienenen Heile hatte verbreiten
können, waren die Einwohner an den Ort des Wun=
ders zusammengelaufen. Neugier und Andacht hatte
eine unabsehbare Menge von Zuschauern versammelt.
Der Weg, den der Gott zu machen hatte, war in der
Eile noch besonders zugerichtet worden. Zwei Spa=
liere, weiß angestrichen, bildeten eine Straße, durch

welche sich der Zug bewegte. Auf beiden Seiten lagen
in kleinen Entfernungen aufgethürmte Steinhaufen. An
den Spalieren entlang stand eine doppelte Reihe von
Priestern, die eine wohlriechende, aromatische und mu-
sikalische Barrière bildeten; denn sie trugen angezün-
dete Kerzen, die einen angenehmen Geruch verbreiteten,
schwangen Rauchfässer und accompagnirten die gesun-
genen Hymnen mit Hoboen, Seemuscheln und den un-
erläßlichen Pauken.

Der Lärm wird schwächer, die Erwartung versagt
der Kehle den Athem, der ängstlich zurückgehalten wird.
Sie nahen, sie nahen, die Heiligen alle und der Heiligste in ihrer Mitte!

Die Hohenpriester und Schriftgelehrten sind wie
immer die ersten Apostel eines Wunders. Sie zogen
voran in beträchtlicher Anzahl, zwei und zwei, in der
einen Hand eine Ruthe, in der andern ein Rauchfaß,
das an drei metallenen Ketten am Ende eines langen
Stabes hing, und einen dichten Rauch verbreitete. Sie
waren in lange Röcke von gelbem Tuche gekleidet, und
hatten eine kegelförmige Kappe von derselben Farbe auf
dem Haupte, von der an den Seiten ein paar Läppchen zur Bedeckung der Ohren fielen. Es ziemt sich
nämlich für die Verkünder eines neuen Cultus auf nichts
zu hören, als die eigne Begeisterung.

Der Bund der Priester mit dem Machthaber ist so
alt wie die Religion. Die Schergen der Souveraine
sind die Krieger. Sechs = bis siebentausend Mann Cavallerie, die mit Köcher, Bogen und Gewehr bewaffnet

waren, folgten unmittelbar auf die fromme Avantgarde.
Sie wurden von einem Manne befehligt, dem der
Haufe abgöttische Verehrung erwies. Er trug ein gelb
atlassenes Kleid mit Zobel gefüttert, und war um die
Lenden gegürtet. Ein dunkel karmoisinrother scharlach=
artiger Mantel, der zum Theil sein Atlaskleid bedeckte,
ging um den Leib herum, das Ende aber ruhte auf der
linken Schulter, so daß der rechte Arm frei war. Er
trug einen runden Hut, der mit einem gelben glän=
zenden Firniß bezogen war, und rothe Stiefeln von
bulgarischem Leder. Dieß war der General der tibeta=
nischen Truppen, die aus Kalmücken bestanden. Er
hieß der Bruder des Dalai Lama, und war es in der
That dem Fleische nach.

Wer hinter der Vorhut die erste Stelle hatte,
konnte ihn für den Ehrenplatz halten. Es war billig,
daß der chinesische Correspondent ihn behauptete. Un=
ser Freund trat in einer angemessenen Umgebung auf,
die den Stolz ihres Führers theilte. Ich erwähne hier
nichts von der Garderobe; denn wäre dieß Häuflein
in sackleinenen Kleidern aufgetreten, so würde es im
Gefühl seiner Souverainetät dennoch das Haupt am
kühnsten erhoben haben. Aus der Mitte des diploma=
tischen Corps ragte ein langer Bambusstab hervor, wel=
cher die Vollmacht des Correspondenten als kaiserlich
chinesischen Umba's enthielt. Die Tibetaner sahen mit
Scheu auf diese Acte ihrer politischen Abhängigkeit.

Der chinesische General hatte in Lassa scheinbar nur
die Mission des Schutzes für den Correspondenten; es

war also natürlich, daß er ihm nachging. Er befeh=
ligte seine Cavallerie, die nach ihrer Art mit Feuer=
gewehr, Säbel, Helm und papiernen Harnischen be=
waffnet war. Der Oberst Tschu=Kiang ritt dicht hinter
dem General, überall, wo er ein schönes auf ihn bli=
ckendes Auge vermuthete, sein Pferd zum Courbettiren
stachelnd. Seine Person kennen wir, aber die Verzie=
rungen seines Rosses sind uns neu. Das Thier, das
er ritt, war mit großen karmoisinrothen Quasten und
anderem prächtigen Geschirr geschmückt, und mit einer
Menge Glöckchen an einem Halsbande behangen, die, so
wie es sich in langsamen Schritten bewegte, harmonisch
klangen. Uebrigens war der Körper des Pferdes von
den vielen seidenhaarigen Kuhschwänzen, die auf beiden
Seiten hingen, kaum zu sehen. Ich kann den Sonnen=
schirm nicht übergehen, der am Halse des Pferdes be=
festigt war, und den zarten Teint des Reiters gegen
die bräunenden Sonnenstrahlen schützte. Selbst in der
heißen Jahreszeit ist die Hitze in Lassa erträglich, aber
der Oberst wußte, wie schön ihm die Bewegungen sei=
nes Armes standen, wenn er sich mit einem Fächer Küh=
lung zuwehte, und hatte also diesen Fächer nicht ver=
gessen. In dieser Coquetterie ließ er sich nur stören,
wenn er zuweilen einen interessanten Gegenstand, ein
durch ein Fenster blickendes Mädchenauge belauschen
wollte. Er hielt sich dann mit vieler Grazie seine Brille
vor die Augen, die er nach chinesischer Sitte an einem
Bande im linken Ohrzipfel trug.

Jetzt folgten verschiedene Gruppen, welche mancher=

lei Staats-Insignien, Fahnen und Standarten führten;
nach ihnen kreischende Instrumente und zwei mit reichen
Decken belegte Pferde, deren jedes zwei runde Wannen
trug, die mit brennendem wohlriechendem Holze gefüllt waren.

Ein Priester-Senior trug in einem Kästchen die Ge-
betbücher und einige der vorzüglichsten Götzenbilder.
Hinter ihm wurden neun prächtige Pferde geführt, die
mit einem Gegenstande beladen waren, der ein sonder-
bares Attribut der Gottheit ist. Aber auch unsere Künstler sind von der unanständigen Nacktheit, mit welcher
die Griechen ihre Götter bekleideten, zurückgekommen.
Wir sind schon lange gewohnt, die bildlichen Darstellungen unserer Gottheiten nicht ohne Kleider zu lassen,
und man wird es daher nicht auffallend finden, daß
jene neun Rosse die Garderobe des Gottes der Tibetaner trugen.

Die irdische Hülle des Allerheiligsten ist jetzt an uns
vorüber. Die Pulse stocken, die Herzen beben, die
Kniee wanken, und mit heißen Thränen sinkt der Gläu-
bige nieder. Er hat kein Auge mehr für die vielen
hundert Diener, die zu der nächsten Umgebung des
Herrn der Heerschaaren gehören, für die großen goldenen, mit sinnbildlichen Figuren geschmückten Gefäße,
welche zwei Männer auf ihren Schultern tragen, und
das gewöhnliche Geschenk des Kaisers von China an
den neuen Lama bilden; kein Auge mehr für jene Seligen, die an den Stufen seines Thrones stehen, um die
Bittschriften zu empfangen und die Almosen auszuthei-

len; denn in diesem Augenblicke theilen sich die Wolken-
Vorhänge des Himmels, die Donner und Blitze rollen
und zucken unter dem Fuße des Allmächtigen; die Heiligen mit goldenen Kronen stimmen den Lobgesang an,
und die Schöpfung lauscht entzückt dem Preise seiner
Herrlichkeit und großen Gewalt.

Du stehst auf von dem Boden, der deine leisen
Seufzer und stillen Gebete gehört hat; eine wilde
Menge drängt sich dem Zauber nach, den du nun em-
pfunden und mit deinem geistigen Auge geschaut hast.
Du weißt nichts von dem prächtigen Thronhimmel,
der seinen Tragsessel beschattete; nichts von den sech-
zehn Chinesen, die zum Zeichen der Huldigung deinen
Heiland auf den Schultern trugen. War er jung?
War er ein Greis? Flossen Locken über seine Stirn?
Strahlte freundlich sein Auge? Oder wurde Trübsinn
und Wehmuth von seinen Wimpern beschattet? Hielt er
die Hände gefaltet, oder hob er sie auf zum Lichte der
Sonne? Dein Auge war geblendet, und dennoch hast
du ihn von Angesicht geschaut. Dein Auge sah ihn,
und dennoch legte sich auf deinen Mund ein geheimniß-
volles Siegel, das weder die Neugier eines Andern,
noch das Gelüst deiner eignen Erinnerung je lösen wird.

Die Barrièren der Priester lösen sich auf und
drängen sich hinter den Queue der Procession her. Erst
am späten Abend gelangt der Zug an den Palast des
Lama. Die Menge harrt mit Sehnsucht, daß auf den
Thürmen desselben die Fahnen aufgesteckt werden,
welche den Moment bezeichnen, da sich der Herrscher

auf seinen Thron niederläßt. Ein donnerndes, weit in den Bergen nachhallendes Freudengeschrei wirbelt in der Luft, und bringt einem Thale nach dem andern die freudige Kunde von dem erschlossenen Jenseits.

Du aber, frommer, gläubiger Beter, schlägst dein Auge zu Boden und kehrst in Frieden zu deinen häuslichen Mauern zurück. Dein Mund zittert von inbrünstigem Gebet. Du versammelst deine Söhne und Töchter, und lehrst sie die Tugenden, die den Menschen zieren, die Weisheit, die der Anker seines Lebens ist, und die Hoffnungen, die einst über das brechende Auge und über die erblassenden Lippen eine schmerzlose, freudige Heiterkeit gießen!

Viertes Capitel.

Schüler.

Wer ist der, durch den der Geist thätig? Wer ist
der, durch dessen Macht der ursprüngliche Lebens=
hauch wirksam? Was ist, durch dessen Macht die
menschliche Rede sich gestaltet? Wer ist der Gott,
durch dessen Macht Gesicht und Gehör ihr Amt
verrichten?

Lehrer.

Das Ohr des Ohres, die Intelligenz der Intelli=
genz, das Wort des Wortes, der Lebenshauch des
Lebenshauches, das Auge des Auges.

Kena=Upanischad des Sama=
Veda.

Es war an dem Morgen, der auf Tibets glücklichsten
Tag folgte. Die Einwohner von Lassa kehrten zu ih=
ren gewohnten Geschäften zurück. Die Straßen pfleg=
ten in der Frühe immer von ihrer theologischen Bevöl=
kerung befreit zu seyn, denn die Priester waren des
Morgens in ihren Klöstern mit mannichfachen Han=
thierungen beschäftiget, und erst wenn die Sonne höher
stand, trafen gewöhnlich die geistlichen Herren auf den
Spaziergängen und Plätzen ein, um ihre reichlichen
und kostbaren Mahlzeiten zu verdauen.

Aus den Werkstätten tönte der Hammer und das
feilende Eisen; die Zimmerleute richteten Häuser auf,
die Maurer füllten die Fugen, und die Steinmetzen

arbeiteten an dem Ehrendenkmale, das dem verstorbenen Regenten gesetzt werden sollte; denn in Tibet, einem Lande, ohne alle geschichtliche Erinnerung, und ohne die Materialien und Kenntnisse, welche eine solche nur erhalten können, konnte es nicht auffallen, daß man die Geschichte in solchen kostbaren Denkmälern, die die Stelle der Buchstaben und Declamationen vertreten, aufzeichnete. Es ist erstaunlich, daß das civilisirte Europa mit seiner historischen Kunst, seinen besoldeten Historiographen, seinen tausend Bibliotheken, den historischen Werken des In- und Auslandes, dennoch die Sitte der steinernen Denkmäler von den barbarischen Völkern fortwährend entlehnt. Thaten, die in den Annalen der Geschichte verzeichnet sind, bedürfen keines Marmors, um sie zu verewigen.

Nur in der Gegend, wo am gestrigen Tage die Procession ihren Weg genommen hatte, und über Nacht das weiße Spalier abgebrochen war, herrschte eine ungewöhnliche Unruhe. Neugierige Müßiggänger, verspätete Nachzügler trieben sich auf dem geweihten Boden herum, um ihr Mißgeschick zu beklagen, oder die Mildthätigkeit der Betenden in Anspruch zu nehmen. Tibet leidet, wie alle hierarchisch regierten Länder, an einer unzähligen Menge von Bettlern. Dieß ist die natürliche Folge einer zahlreichen Priesterschaft. Wo man eine ansehnliche Anzahl von Menschen beim Nichtsthun in den besten Umständen leben sieht, da gewöhnen sich auch die Fleißigen an eine gewisse Trägheit, und die Faulen an einen völligen Müßiggang.

Die größten, obschon privilegirten Müßiggänger sind bekanntlich in allen Staaten die Soldaten. Sie hatten ihre Casernen verlassen und einen Ort aufgesucht, der ihnen die meiste Abwechselung gewährte. Einige Rotten waren aber zu einer andern Absicht an diese heilige Stätte gekommen. An ihrer Kleidung und ihrer tatarischen Gesichtsbildung erkannte man die kalmückischen Reiter, welche von dem Bruder des Dalai Lama befehligt wurden, und den Kern der tibetanischen Truppen bildeten. Diese wilden Söhne der mittelasiatischen Hochsteppen sind die eifrigsten Anhänger des Lamaismus, und es ließ sich daraus ihre Verzweiflung erklären, daß sie, die den gestrigen Zug an der Spitze eröffnet hatten, durch Erfüllung ihres Dienstes um die höchste Seligkeit gekommen waren, um den Anblick des jungen Dalai Lama. Sie warfen sich jetzt, um doch etwas wenigstens von seiner Nähe zu empfinden, auf den Stellen nieder, die sie von seinem Baldachin beschattet glaubten. Wie ungewiß mußten die Armen seyn, ob sie die rechten gefunden hätten!

Unberufene Zuschauer mischten sich in diese Handlungen, indem sie den Kalmücken bei Auffindung der geweihten Fußstapfen beistehen wollten. Hier wollte der Eine den rechten Ort bemerken, hier ihn der Andere. Da sollte das Pferd mit den Pantalons des Dalai Lama gestanden haben, dort vermaß sich einer hoch und theuer, daß der erste der Baldachin-Träger seinen Fuß eingedrückt habe, und also zwei Schritte davon die Stelle seyn müsse, über welcher der Angebetete einen

Au=

Augenblick geschwebt habe. Besonders mischten sich die
Chinesen, theils Soldaten, theils Diener von der
Gesandtschaft in den Streit. Ihr Vorwitz war ge=
nug, ihnen den Beruf dazu zu geben, ihr Eigendün=
kel trat immer mit einer Autorität auf, die entschei=
den sollte, und ihren hämischen, satyrischen Charak=
ter konnten sie da am wenigsten verläugnen, wo sie
ihn ungestraft zeigen zu können glaubten. Die chine=
sischen Cavalleristen, längst mit den kalmückischen in
gespannten Verhältnissen, trieben offenbar mit den
letzten, die jetzt in einer so demüthigen Stellung sich
im Staube wanden, ihren Spott. Sie riefen die
Kalmücken bald hieher, bald dorthin, wollten hier
einen kleinen Flecken in der Erde bemerken, dort
schrien sie, müsse der Lama Athem geholt haben, so
daß sich der Fußboden davon aufgekräuselt hätte, kurz,
sie trieben ihre mit vielfältigen Bemerkungen ver=
mischten Spöttereien so weit, daß die Kalmücken der=
selben endlich überdrüssig wurden, und sie mit Schlä=
gen erwiderten.

Die feigen Chinesen wußten diesen Angriffen nichts
entgegenzusetzen als Schimpfreden, mit denen sie ihr
ganzes von Herrn Klaproth herausgegebenes Wörter=
buch erschöpften; dazu kam, daß sie im Handgemenge
mit den kräftigen, nicht dickbeleibten Kalmücken wenig
gewinnen und nur Alles verlieren konnten. Ein zerris=
sener Aermel hätte ihnen von ihrem Befehlshaber Stock=
prügel, der Verlust des Zopfes den Abschied zugezogen.
Ihr Rücken war daher am meisten verwundbar, und

ihr Zopf zwang sie, ihn nicht zu lehren, und tapfer
zu seyn. Die Kalmücken setzten den Religionsspöttern
hart zu. Die Einwohner nahmen ihre Partei und die
Chinesen ihre Zuflucht zu einem abscheulichen Geschrei.
Obgleich sie damit ihre Cameraden nicht herbeiziehen
konnten, von denen voraus zu sehen war, daß sie von
dem Schauplatz der Verwirrung eilen würden, um ihre
Zöpfe in Sicherheit zu bringen; so erreichten sie damit
doch, daß sie sich selbst zum Widerstande anfeuerten,
und ihn mit besserm Muthe leisteten. Aber die Kalmücken schwangen nur um desto kräftiger ihre sieben-
strähnigen Peitschen, die sie um den Leib trugen, und
wurden darin von Lassa's Lazaronis unterstützt. Der
Tumult nahm zu, das Aufruhrgeschrei verbreitete sich
durch die Stadt, Alles lief neugierig aus den Häusern,
und der Auftritt würde die ernstlichsten Folgen nach
sich gezogen haben, hätte eine neue Erscheinung ihm
nicht ein wirksames Ende gemacht.

Ein Mann in langem, fliegendem Haare, mit
Thierfellen nur halb gekleidet, warf sich unerschrocken
unter die kämpfenden Parteien. Seiner gewaltigen
Körperkraft gelang es, die Erbittertsten in die Reihen
der Ihrigen zurückzudrängen, und jedem neuen An-
griff in die Arme zu fallen. „Unverschämte Fremdlinge," rief er, „wer hat euch die Thore dieser heiligen Stadt geöffnet, um sie mit euern Worten und Ge-
waltthätigkeiten besudeln zu lassen? Habt ihr in euern
Salzwüsten die Sitten zurückgelassen, die euern Eltern
die Achtung ihrer Freunde erwarben? Und ihr, Chine-

sen, seyd ihr deßhalb hiehergekommen, um die Laster, welche die Luft um den grünen und gelben Fluß verpesten, in unsre Berge zu verpflanzen? Ihr zur Rechten, warum beschlagt ihr nicht eure Pferde? Ihr zur Linken, warum nehmt ihr nicht eure Schreibfedern zur Hand, schickt euern Tanten Grüße und den Pagodenvorstehern und Mandarinen euers Orts die Neuigkeiten, die euch verdächtig scheinen, und von euch ausspionirt sind? Stört die Ruhe dieser heiligen Gegend nicht, von der ihr eine Handvoll Erde nehmen solltet, um sie einst in euer Grab legen zu lassen!"

Die Menge wich ehrerbietig von dem kühnen Sprecher zurück. Die Kalmücken befolgten heulend den Rath, den er ihnen am Schlusse gegeben hatte, und verzogen sich; die unberufenen Zuschauer gingen an ihre Arbeit, und die Chinesen, lächelnd nach ihren Zöpfen fühlend, kehrten in die Casernen zurück, um ihre Cameraden mit Prahlereien und Lügen zu bedienen.

Die besänftigende Dazwischenkunft war vor einem Manne ausgegangen, den wir schon einmal in einem nächtlichen Gespräch mit Gylluspa kennen lernten, und ihn von seinen wilden, phantastischen Tänzen, die er vor Hali = Jong und seinen Brüdern ausführte, Schamanen nannten. Wir wollen ihn auch ferner mit diesem Namen bezeichnen, obschon ihm Einiges fehlte, um denselben ganz zu verdienen. Er eilte, von den scheuen Blicken der Menge verfolgt, der Gegend der Stadt zu, in welcher die Burg des Lama lag.

Wir haben von Maha Guru, dem jüngern Bru-

der des Schamanen gehört, und mußten die sonderbare
Ausdrucksweise bewundern, mit der der ältere Bruder
von ihm sprach. War es nicht, als erwies er ihm eine
göttliche Ehre? Diese Frage ist jetzt nicht mehr zweifel=
haft, denn Niemand anders als Maha Guru war der
neue Dalai Lama.

Die Lehre von der Seelenwanderung ist der einzige
Erklärungsgrund für den merkwürdigen Cultus, der auf
dem höchsten Gipfel der Erde herrscht. Die Annahme,
daß die einen sich auflösenden Körper verlassende Seele
wieder einen neuen Sitz zu suchen hat, um ihre Fort=
dauer zu sichern, erlaubte die Anbetung eines Menschen,
auf den sich die Fülle des göttlichen Geistes herabgelas=
sen habe. Der Dalai Lama ist kein Papst, kein Stell=
vertreter der Gottheit, sondern diese selbst, der Schö=
pfer und Erhalter der Welt, der Lenker der Himmels=
bahnen, der Spender unserer Lebensloose, der Richter
über böse und gerechte Handlungen. Die Tibetaner
sehen die Hülle ihrer Gottheit geboren werden und ster=
ben, aber in dem Augenblicke, da der Körper von dem
Geiste bewohnt wird, der ihnen der Höchste ist, unter=
scheiden sie auch das Aeußere und Innere nicht mehr,
sondern halten die vergängliche Kleidung der Gottheit
wie von ihr selbst durchdrungen und untergetaucht in
den Glanz ihrer unsterblichen Seele. Sie kennen die
Eltern, Brüder und Verwandten ihres Gottes, aber
wie zärtlicher Empfindungen sie fähig seyn mögen, so
schätzen sie in dieser Rücksicht die Bande des Bluts für
das Geringste. Die Priester lehren, daß die Geister

alle nur Ausflüsse einer und derselben Seele seyen, daß
wir alle unsre Großmutter in dem Princip des Guten
und Großen finden. Wer ist in dieser Kindschaft be-
vorzugt? Da gibt es keine Einschränkung auf Raum,
Volk, Religion; sondern die Guten sind alle untereinander Brüder und Väter. Dieß ist nach der
Weisheit von Tibet die wahre Aehnlichkeit und Verwandtschaft.

Wenn Gott seines Körpers überdrüssig wird, ihn
verläßt und stirbt, so vertritt ein erfahrner Mann inte-
rimistisch seine Stelle, und sorgt für die Auffindung
eines neuen Körpers, der sich zur Aufnahme der
Gottheit eignen dürfte. Ich drücke dieß Geschäft
nur von seiner praktischen Seite aus, während die
metaphysische erhabener ist. Denn die Priester sollen
ja nur lauschen, wo sich die entschwundene Gottheit
hingeflüchtet hat; sie sollen die Geisteskräfte der Tausende von tibetanischen Kindern untersuchen, und
überzeugt seyn, da die Weltseele wiederzufinden, wo
sie die meiste Empfänglichkeit, Lebhaftigkeit, Geistes-
schärfe antreffen. Ein Kind, das in seinem ersten
halben Jahre schon laufen konnte, mit einem Jahre
alle Zähne hatte, und den Namen des Vaters und
der Mutter aussprechen konnte; ein Knabe, der im
dritten Jahre die vier Species begriffen hatte und
im vierten eine leserliche Hand schreibt, der im sechsten Antworten gibt und Urtheile äußert, die eines
Erwachsenen würdig sind — da finden wir den Gott
wieder, der eines alten runzlichten Körpers müde,

sich in ein frisches junges Leben flüchtete, und von hier
aus die Erkennungsscenen vorbereitete. Die Priester
fallen vor einem solchen Kinde nieder, heben den Gott
aus den Windeln, hüllen ihn in ihre weiten Kutten,
und bringen ihn in eine einsame Gegend, wo er der
ihm gebührenden Ehre und eines sorgfältigen Unter-
richtes genießt. Hier bleibt er so lange, bis es ihm gefällt unter die Menschen zurückzukehren, oder bis der
Augenblick erscheint, wo ihn das gesetzliche Alter zu seiner Wiederkunft verpflichtet.

Daß sich Gott aber zuweilen auch Rücksichten un-
terwarf, bewies sein Wiedererscheinen in Maha Guru.
Wir wollen keineswegs seine Legitimität antasten, obschon damit in unserm Falle wenig Gefahr verbunden ist; aber wir sehen aus der Geschichte seiner Berufung, daß zuweilen eine Empfehlung auch in dieser schwierigen Aufgabe half. Tibet war lange in
der betrübtesten Verzweiflung. Die Priester reisten
vergeblich im Lande herum, um den heimlichen, ver-
borgenen Gott zu entdecken. Sie legten den Kindern
auf den Landstraßen verfängliche Fragen vor, die sie
aus dem Stegreif beantworten sollten, erhielten aber
zu ihrem Schrecken immer nur Antworten, die entweder sehr dumm herauskamen, oder deren Salz mit
vieler Erde versetzt war. Da sagte der General der
kalmückischen Cavallerie zu den obersten geistlichen Behörden, als die Boten von ihren Examinationsreisen
mit wiederholten schlechten Erfolgen zurückkehrten:
,,Warum haltet ihr euch nur in den Umgebungen

von Laſſa? Die Seele Gottes iſt beflügelt; glaubt
ihr, daß ſie von einem dreiſtündigen Fluge ſchon milde
iſt? Geht nach Taſſiſſudon, ſteigt auf die Mauern
von Dukka Jeung, und lauſcht dort nach dem, was
ihr nicht finden könnt!" Die Prieſter ſandten an den
bezeichneten Ort und trafen einen Knaben, der ſchon
zum Jüngling reifend, von den gewöhnlichen Offen=
barungen, in denen ſich Gott zeigte, dem Wuchs und
Alter nach ſehr verſchieden, dem Geiſte und Verſtand
nach aber Niemand war, als der Heilige, den ſie als
verſchollen ſchon beklagt hatten. Von Stund an wurde
Maha Guru, dem jüngern Bruder des Kalmücken=
Generals, göttliche Ehre erwieſen, ihm der Sitz auf
einem Schloſſe bei Laſſa eingeräumt, und ſeiner rei=
fen Bildung nichts mehr gegeben, als die ihm noch
fehlende theologiſche Richtung. Man würde ſich eines
ſehr falſchen Ausdruckes bedienen, wenn man Maha
Guru's zunehmende Göttlichkeit ein ſich Zurechtfinden
in ſeiner neuen Würde nennen wollte. Nein, er war
nicht der letzte, der an ſich glaubte, er trat überall
mit dem feſten Bewußtſeyn ſeiner Allmacht auf, und
wenn ihn je ein Zweifel beſchlich, ſo betete er zu ſich
ſelbſt, und ſein inwohnender Geiſt ſchlug den wider=
ſpänſtigen Leib zu Boden.

Maha Guru's Brüder waren ſeine eifrigſten An=
beter, obſchon ſie in ihren Wünſchen ſich trennten.
Keiner von beiden zweifelte, mit dem wahren Schö=
pfer Himmels und der Erden einſt Verſteckens ge=
ſpielt zu haben; aber während der General die ver=

storbenen Eltern und sich selbst am meisten deßhalb
glücklich pries, beklagte der mittlere Bruder, daß ihm
Maha Guru einen solchen Streich gespielt, und wünschte
seinem Bruder die nackte sterbliche Menschheit wieder,
die ihm einst so nahe stand, und deren Schicksal er
theilen durfte. Er wußte, wie vergeblich diese Wünsche
waren, und gerieth dadurch in einen Zwiespalt mit
sich, der Welt, der Gottheit, den wir uns nicht erklären können, weil er auf für uns zu sonderbaren
Voraussetzungen beruht. Er durchstreifte die Gebirge
seines Landes, und suchte der Erinnerung an seinen
vergötterten Bruder zu entfliehen, die ihm doch überall
folgte, in den Gesteinen, den Quellen, den Sternen
des Himmels, in den Werken dessen, dem er nirgends
aus dem Wege gehen konnte. Auf Alles, was er sah
und hörte, auf Alles, an das er seine Klagen richtete,
hatte Maha Guru seinen Stempel gedrückt. Niemals können die beiden Pole der Liebe und des Hasses
sich näher gelegen haben. Was er anbetete, das mußte
er fürchten, und was er mit heißer Liebe umfing, das
stieß er in demselben Augenblicke mit Unwillen von
sich. Dieser Zustand gränzte an Verzweiflung. Er
entzog sich Monate lang dem Anblicke seines Bruders,
der ihn zwar zur tiefsten Anbetung aufforderte wie
den General, ihn aber den leiblichen Bruder nicht vergessen machen konnte. Hier war Hingebung und Freundschaft ein Verbrechen geworden. Er irrte nach den
Auftritten, in denen er seinem beklommenen Herzen
Luft machte, in den Wäldern und Bergen umher, warf

ſich in toller, fanatiſcher Entzückung unter die wilden
Schwärme der wandernden Fakirs, in welcher Umge=
bung wir ihm zum erſten Male begegnet ſind.

Der Schaman hatte ſeinen Bruder früher nur als
Gott geſehen, heute ſah er ihn als Dalai Lama. Er
war unter den Dienern wohlbekannt und tief verehrt.
Kein Hinderniß ſtand ſeiner Audienz entgegen.

Vor dem Audienzzimmer trat er in einen großen,
hohen, länglichen Saal, der von einer Colonnade um=
ringt war, und durch eine Oeffnung über dem Mit=
telpunkte erleuchtet wurde. Die Luft, das Licht und
die Wärme der Sonne werden dadurch hereingelaſſen,
daß man ein bewegliches, unmittelbar vor der Oeff=
nung befindliches Dach von ihr wegnimmt. Die Säu=
len der Colonnade waren karmoiſinroth gemalt und
reich mit Gold geziert, ſo wie auch die Spitzen der
obern, ſich ſchlängelnden Bogen mit verſchiedenen ſym=
boliſchen Wappen geſchmückt. Die Wände waren blau
gemalt, und mit zwei breiten, rothen Streifen einge=
faßt, durch welche ein gelber hinlief. Der Fußboden
beſtand aus einer Compoſition von braunen und weißen
Kieſeln, die mit Erde vermiſcht war, und einen hellen
ſtarken Glanz annimmt.

Ich ſagte, dieß Zimmer habe ſich vor dem Audienz=
ſaale befunden. Nein, er iſt es ſelbſt. Durfte ich mich
in der Nähe einer ſolchen Erſcheinung, wie ſie vor un=
ſern Augen ſteht, erſt auf eine Beſchreibung der vier
Wände einlaſſen? Wir ſind an den Stufen, die auf den
Götterberg führen. Der Thron ſteht in einer Niſche,

einige Fuß über dem Boden erhaben, umringt mit Kif=
fen von gelbem Atlas, die auf jeder Seite mit feidenen
Franzen von verschiedenen Farben und reichem Brocat
geziert waren. Am Fuße des Thrones standen dünne
Kerzen von der Mischung, wie sie in den Tempeln als
Weihrauch zu brennen pflegten, und Vasen mit wohl=
riechendem Holze, das, langsam verbrennend, den Saal
mit seinen Düften erfüllte.

Maha Guru? Wär' er allein gewesen, dann hätt'
ich des Schamanen Eintritt in den Saal nur mit Far=
ben schildern können, die aus dem Blau des Himmels,
dem Weiß der Gestirne, dem Roth des Abends und
Morgens gemischt seyn mußten; aber er war nicht
allein. Maha Guru saß in menschlicher Gestalt auf
den gelbseidenen Kissen, seinen Bruder, den frommen
General, dadurch beglückend, daß er die allmächtige
Hand auf seine Knie legte. Der Schaman stürzte nie=
der, küßte die Stufen des Thrones, die er mit heißen
Thränen benetzte.

Maha Guru war ein schöner, mannhafter Jüng=
ling, mit einer blendend weißen, durch seine einge=
schloffene Lebensart, zart erhaltenen Haut, dunkeln Au=
gen und schwarzem, langgekämmtem Haare, das unter
einer viereckigen Mütze in den Nacken floß. Er war
in ein gelbseidenes, mit chinesischen Golddrachen durch=
wirktes Gewand gehüllt. In seinen Mienen wehte
eine sanfte Milde, die Vertrauen erweckte, ja nach der
Freude über das Wiedersehen seines lang vermißten
Bruders machte sein Antlitz und sein Benehmen einer

Schüchternheit, einer Schamhaftigkeit Platz, die dem hochgestellten Jünglinge zur Ehre gereichte, ihm aber nichts mit der Majestät des olympischen Jupiters Gemeinsames gab.

Der Schaman hatte die in Tibet gewöhnliche Begrüßungsformel, welche in einem Auswechseln seidener Schärpen besteht, an diesem Ort für nicht anwendbar gehalten; aber sein Bruder kam ihm darin zuvor, ergriff eine weißseidene, neben ihm liegende Binde, und überreichte sie dem Verlegenen, der diese Höflichkeit nicht erwidern konnte. Der General gab dem, was der Schaman darüber empfand, Wort: „Wie glücklich sind wir, mein Bruder!" sagte er; „die Hand des Himmels reicht sich uns durch die Wolken, daß wir den warmen Puls der Gottheit fühlen können."

Der Schaman schwieg, aber Maha Guru entgegnete: „Du rühmst dich eines Vorzugs, Theurer, den der Himmel Jedem gewährt. Ihr seyd nur lebhafter von ihm durchdrungen, weil ihr mir näher steht. Aber gehet hinaus in die Welt und lauscht auf ihre Werke, ihr Thun und Treiben, und ich weiß, ihr werdet mich in Allem wieder erkennen. Dieß ist der ewige Verkehr, den ich mit meiner Schöpfung unterhalte. Ich bin zugegen, wenn die Mutter an der Wiege ihres Kindes Gebete in den Himmel sendet; ich begleite den Jüngling in die Welt, wenn sein Geist sich Nahrung sucht und sein Herz von großen Entschlüssen anschwillt; der Vater des Hauses, zu den Göttern auf seinem Herde betend, weiß, daß ich ihm die Kraft dazu verleihe, und der sterbende Greis streckt die Hand nach mir aus, um seine Seele die Wege wandeln zu lassen, die ich ihr zeige. Nein, meine Brüder, ich bin keiner von den vornehmen Göttern, die sich durch den Umgang mit den Menschen besudelt glauben, die nicht selbst hinuntersteigen, um ihre Angelegenheiten ins Reine zu bringen, sondern ihre Gesandten, ihre Propheten, ihre Söhne schicken, unter deren unerfahrenen Händen sie immer schlechter gerathen müssen.

„Du sprichst von dem Wunder deiner Allgegenwart,“ sagte der Schaman; „aber die Weisen lehren noch etwas Anderes. Sie zeigen auf die Pflanze, den Stein, das Thier, und nennen sie alle deine Offenbarungen. Aber wie? dann wärest du ja unterthan, nicht nur deinen eigenen Gesetzen, sondern auch denen, welche Menschen über dich verhängen. Wo ist die Gränze, mein Bruder, da ein Eichbaum noch ein todtes, blättertreibendes Holz ist, das ich fälle, und in den Ofen werfe, wenn du ihm sein Leben gibst und seinen Tod doch nicht hindern kannst?“

Maha Guru antwortete und sprach: „Ich bin der Herr der Schöpfung, ihr Meister, und kann nicht mein eignes Werk seyn. Aber wie der Künstler seinen Schöpfungen sich hingibt, ihnen Alles einprägt, was seine Seele erfüllt, wie ein Kenner sich vor sie hinstellt, und in ihnen den Geist des Schöpfers wiederfindet, nicht anders der, welcher die Erde wie einen Thonball in seiner Hand hält. Nur der gute wird jedoch den Stem=

pel erkennen, den ich auf alle meine Werke gedrückt
habe."

„Aber wie soll ich es verstehen," fragte der Gene=
ral, „daß die Schöpfung ein vollkommnes Werk ist,
und sich dennoch in ihr eine Abwechslung findet, die uns
Neues und oft Besseres bringt? Welche Dinge führen
uns nicht die Fremdlinge über die Gebirge zu? Daß
ich nur von meinem Fache spreche, wie verschiedenartig
sind die Bewegungen auf dem Pferde bei uns und
ihnen, wie sonderbar sind die Handgriffe des Exerci=
tiums! Sie haben sogar die beschwerlichen Lunten nicht
mehr, mit denen wir unsre Gewehre abbrennen. Wenn
ich dieß bedenke, so scheint mir die Schöpfung noch un=
vollendet. Wirst du sie vollenden?"

„Oeffne dein Ohr," sagte Maha Guru, „ich werde
dich mit Wahrheit bedienen. Sage zuvörderst nichts
von den unglücklichen Fremden, die meine Gebote ver=
lassen haben, und falsche Götter anbeten. Ich verlieh
ihnen einst Schärfe des Geistes, Beweglichkeit der
Phantasie und schöne, grüne Thäler, die reizender sind,
als mein treues Volk von Tibet auf seinen Bergen eine
Vorstellung davon hat. Aber diese Gaben steigerten
ihren Uebermuth, und dem Uebermuth folgte das Schick=
sal auf den Fersen. Sie sind eingegränzt in enge
Städte, aus denen sich der Rauch nicht herausfinden
kann; sie haben schlechte Nahrung, und das Bedürf=
niß der Kleidung können sie nur mit großen Opfern be=
friedigen. Ihr Geist strengt sich an, während ihre Her=
zen verwildern; sie machen Erfindungen, die die Vor=

welt nicht kannte. Sie lernten die Elemente bezwin=
gen und den Himmel ersteigen; aber ach, die Erfolge
ihrer Entdeckungen haben der Freude nie entsprochen,
die sie empfanden, als sie ihnen zum erstenmale gelan=
gen! Denn welches ist das Loos, das ihre Fortschritte
unaufhörlich begleitet? Sie sind der Zahl nach weit ge=
ringer als wir und unsre Nachbarn; aber sie werden be=
herrscht von Königen und von den Brüdern der Kö=
nige und von ihren Schwägerinnen. Diese vernichten
morgen Alles, was sie heute gewonnen haben; es ist
eine alte Feindschaft, die eine Schlange in die Herzen
der Könige gesäet hat. Das Elend in jenen Ländern
st groß, aber Alles, selbst die Erleichterungsmittel des
Elends müssen dazu dienen, es zu vermehren. Ihre
Vorfahren kannten nichts von den Fortschritten der Bil=
dung, und die Laster, die auf ihnen lagen, waren ge=
ringer, als sie jetzt sind. Denn wenn die Feinde die=
ser Völker vernehmen, daß wieder ein großer Geist ein
Element bezwungen hat, so bedrücken sie ihn, daß er
von Stund an seines Fundes nicht froh werden kann;
denn jede Erleichterung ist für sie nur ein Grund, die
Zügel schärfer anzuziehen. Ach du unglückliches Volk,
warum verließest du mich!"

Der Schaman küßte weinend die Füße seines Bru=
ders; denn an diesem Bilde sah er die Folgen eines
Zweifels an dem einzigen Gotte. Maha Guru aber
fuhr fort: „Die Schöpfung ist nicht mein Leben, son=
dern nur eine Beschäftigung meines Lebens. Die Welt
ist meine göttliche Thätigkeit. Nehmt das kunstvolle

Uhrwerk, das im Vorhofe dieses Palastes hängt! Der Zeiger und das Zifferblatt sind die Welt; wer wollte sagen, daß die Räder und Wellen auch zur Welt gehö= ren? Aber das Eine schreibt dem Andern Gesetze vor, und keines besteht ohne das Andere. Die Welt wird auch niemals untergehen, wie Irrlehrer behaupten; denn kann ich jemals sterben? Können unsre Weiber aufhören, Kinder zu zeugen, in deren Leibern ich meinen Sitz nehme? Ich sage euch aber, die Welt ist vollkommen, weil sie keines Menschen Werk ist, und ich sage euch wiederum, die Welt ist unvollkommen, weil ich noch lebe und noch unzählige tausend Jahre zu leben gedenke.''

,,Zu den größten Unvollkommenheiten dieser Welt,'' bemerkte der General, ,,gehören unter andern die kur= zen Gewehrläufe meiner Cavallerie. Je länger sie sind, desto weiter tragen sie, du solltest sie abschaffen, mein Gott!''

,,Wenn es nicht zu viel kostet,'' sagte der Herr des Himmels, setzte aber nach einer Pause hinzu: ,,dieß ist nicht die einzige Unvollkommenheit, es gibt deren in den sechszehntausend Königreichen der Welt noch unzählige; ja, in der Harmonie des Weltsystems ist noch Vieles nachzubessern. Tretet hinaus in die geheimnißvolle Stille einer Mondnacht. Dieß Flüstern in den Zwei= gen, dieß Säuseln im Winde, dieß Glühen der Käfer, diese wunderbaren Laute, die ich in den Tagen, da ich noch Mensch war, vernahm, hielt ich damals noch für einen seligen Traum der Schöpfung, für einen leisen

Monolog der Gottheit, die lustwandelnd sich in die Be=
wunderung ihrer selbst vertieft. Nein, daß ich euch
nichts verschweige, diese Töne, diese Stimmen, die
schallend durch die Luft klingen, kommen von dem sau=
senden Webstuhle der Zeit, und von den Schlägen, die
auf das eherne Firmament des Himmels fallen. Einer
frommen und reinen Seele wird es nicht entgehen, daß
Gott in diesen Stunden an seinen Werken sogar feilt.''

Die Brüder staunten über diese Mittheilungen, und
das Herz des Schamanen jubelte; denn er fühlte, daß
ihm die Göttlichkeit seines Bruders immer näher rückte.
,,Dann geschieht es wohl auch oft,'' fragte der Gene=
ral, scheu zu Maha Guru aufblickend, ,,daß sich Gott
von seinen Werken ausruht, da er sie ja im Nu vollen=
den könnte?''

,,Du sprichst die Wahrheit,'' antwortete der, wel=
cher über sich selbst unstreitig die beste Auskunft geben
konnte. ,,Es gibt Menschen, die man die Ruhepunkte
der ewigen Schöpfung nennen darf. Die Gottheit ver=
gaß ihnen die Gaben zu verleihen, die sie allen Sterb=
lichen schenkte; aber weil dennoch die Fülle der All=
macht auf ihnen ruhte, so erhielten sie einige Vorzüge,
die sie im außerordentlichen Grade besitzen. Manche
erhielten ein Herz ohne Tugenden, aber Gaben des
Geistes, die Erstaunen erregen. Eben so scheint an
der körperlichen Bildung Vieler vergessen zu seyn, daß
sie zu den Menschen gehören sollten, aber in diesen miß=
gestalteten Formen wohnt oft eine unbeschreibliche Güte
des Herzens, und noch öfter eine solche Fülle geistiger

Ver=

Vermögen, daß jedem Bucklichten das Vorurtheil ent=
gegen kommt, er sey der scharfsinnigste Denker. An
diesen Menschen sieht man es, daß die Schöpfung ohne
einen Plan angelegt ist.‘‘

‚‚Wie?‘‘ rief der General, ‚‚dann wäre ja Gott
planlos zu Werke gegangen.‘‘

Man mußte dieß Wortspiel in der tibetanischen
Sprache hören, um darüber lachen zu können. Die
Brüder thaten es mit Wohlbehagen. Aber so schnell
die beiden ältern ihre Lachmuskeln in Bewegung gesetzt
hatten, so schnell blieben sie ihnen krampfhaft stehen;
denn das Außerordentlichste, das sie nur geahnt, das sie
als Lästerung von sich gewiesen hätten, hatte sich in die=
sem Augenblicke ereignet. War es möglich, daß Gott
über den Witz eines Menschen lachen, daß er überhaupt
lachen konnte?

Maha Guru sah das verlegene Erstaunen seiner
Brüder, und wußte die Ursache davon, ohne sie zu er=
rathen. ‚‚Ihr seyd betroffen, mich lachen zu sehen?‘‘
fragte er mit einem liebenswürdigen Ausdruck von Milde
und Leutseligkeit; ‚‚warum sollten die Götter über euch
nicht lachen, da ihr ihnen so oft Gelegenheit gebt, über
euch zu weinen? Ich habe gelacht, als auf mein erstes
Wort eine Welt entstand; denn ich gestehe, diese erste
Probe meiner Macht überraschte mich. Ich habe ge=
lacht, als mich die Philosophen bald im Wasser, bald
in der Luft, bald im Feuer suchten. Ich weinte, als
die Menschen anfingen bös zu werden und sich von mir
abwandten; aber lächerlich erschien es mir, als sie ein

Wesen erfanden, das sie seit dem Urbeginn der Tage
mit mir in Kampf stellten und das böse Princip nann=
ten, um ihr schlechtes Herz damit zu entschuldigen. Ach!
wie lächerlich war es, als man mich mit dem Lichte ver=
glich, das ohne Schatten gar nicht denkbar wäre, und
daraus einen urweltlichen Gegner meiner Macht her=
leitete, von dem ich euch versichern kann, daß er nicht
existirt. Wie vieles Andere hat mich nicht ergötzt! So
wie mich überhaupt die Thorheiten meiner Feinde be=
trüben, so haben mir die Albernheiten meiner Freunde
doch immer den größten Spaß gemacht. In meinem
Namen sind Tausende getäuscht worden, und eben so
viel haben sich selbst betrogen; man hat die schlechte
Poesie in meinem Namen befördert, und in neuester
Zeit hat man sogar eine gewisse Politik auf meinen Na=
men getauft. Aber am schallendsten schlug mein Geläch=
ter immer an die Wölbung des Himmels, wenn es einem
Sterblichen einfiel, mein höchst eigenes, wohlversicher=
tes Daseyn zu läugnen. Dann rief ich alle meine Ge=
nien um mich her, versammelte die Wolken, die Winde,
befreite die Nymphen aus ihren Bäumen und Quellen,
und alles lärmte und tobte mit Spott und Neckerei; die
Sphären fuhren lachend zusammen, der Erdboden schüt=
telte sich, daß es eine Freude war, bis der unglückliche
Verfolger entweder in den lachenden Chor mit ein=
stimmte, und von den Menschen in ein Tollhaus gesperrt
wurde, oder sich verzweifelnd von einem Felsen ins Meer
stürzte. Diese Seelen werden dann im Jenseits meine
besten Freunde, sie schlagen sich über ihre Dummheit

vor den Kopf, seitdem sie Nektar und Ambrosia von
meinen Realitäten überzeugt haben; sie schämen sich,
wenn sie einst geglaubt hatten, mich durch ihr Läugnen
zu reizen; ja die Atheisten bilden dort oben meine Leib-
garde, die mich nie verläßt, und für eine launige Unterhaltung sorgen muß.‘‘

Die Brüder sahen ein, daß man nicht besser umgehen könne, als mit Göttern; sie fingen allmählich an,
in diesem Himmel einheimisch zu werden, sprachen
ohne Rückhalt, und nur den General überfiel einige
Male der Zweifel, ob diese Seligkeit nicht ein höherer,
jenseitiger Zustand seyn könnte; ob sein Körper über
dem vielen Sprechen nicht vielleicht unversehens gestorben, und er hinübergegangen sey in die Ewigkeit, ohne
von seinem Tode etwas zu spüren. Aber diese Besorgnisse
verschwanden gänzlich, als ein Diener mit einer großen
metallenen Theekanne hereintrat, sich dem Dalai Lama
demüthig näherte, einigen Thee vorher in seine eigene
hohle Hand goß und sie hinunterschlürfte, zum Zeichen,
daß dem himmlischen Meister und seinen Gästen nichts
Vergiftetes kredenzt werden sollte.

Die Tibetaner trinken ihren Thee unstreitig von
besserer Güte als wir, aber in einer Mischung, der wir
kaum unsern Beifall schenken würden. Was soll man
von einem Thee sagen, der mit Mehl, Butter und Salz
versetzt wird? Diese abscheuliche Mixtur wird jedem
in einer flachen, lakirten Tasse präsentirt, die der Em-
pfänger auf seinen Fingerspitzen ruhen läßt, um sie allmählich auszuschlürfen. Es versteht sich von selbst,

8 *

daß die dem Trinken vorangehende Libation, die von
einem langen murmelnden Gebete begleitet wird, nur
von den beiden ältern Brüdern geopfert wurde. Maha
Guru senkte, während sie zu ihm beteten, sein Haupt,
und spiegelte es nachdenklich in der trüben Fläche
des Thee's.

Als diese Ceremonie beendigt war, und die Tassen
durch eine geschickte Bewegung der Zunge gereinigt,
mit seidenen Läppchen umwickelt wurden, begann der
wißbegierige General wieder aus der vor ihm sitzenden
Quelle alles Wissens zu schöpfen, und seinen Bruder
um einige Erläuterungen seiner jüngsten Worte zu fra=
gen. „Wie versteh' ich es, mein großer Meister,"
sagte er, „daß du von den Werken der Lüge wie von
einer Frucht sprichst, deren Samen aus Niemands
Hand gestreut wird? Ich bin gewohnt, in den Dingen
die Erfolge von ihren Anfängen herzuleiten. Wenn
ich daran nicht unrecht thue, wer flüstert uns die Hand=
lungen der Bosheit ein?"

Maha Guru mußte das wissen, und er antwortete:
„Es ist eine alte lügenhafte Fabel, daß die Welt aus
Liebe und Haß entstanden. Der Widerspruch ist nie=
mals der Anfang der Dinge gewesen. Merk' auf die
Worte der Weisheit, die mein Mund dir verkünden
will! Es gibt nichts Böses auf der Welt, sondern
nur Verwirrung im Guten. Wo sollte der Gott sei=
nen Ursprung genommen haben, welcher mit feind=
seligen Ansprüchen und widerwärtigen Handlungen ge=
gen mich aufträte? Nein, es ist die Liebe selbst, die

zuweilen den Schein des Hasses annimmt, um ihre
Werke zu befördern. Ihr könnt dieß nie begreifen,
wenn eure Sinne an jener Liebe fest kleben, die ihr be=
schwört, um euer Treiben zu segnen; ich rede von der=
selben Liebe, welche die Leidenschaften des Menschen
fesselt, ihm sein Bewußtseyn raubt, ihm die Augen
des Geistes aussticht. Die Gottheit liegt noch immer
in diesen alten Banden. Dieselbe Begierde, welche
die Götter auf die Erde trieb, um sich mit den Töchtern
derselben zu vermischen, währt noch fort, obschon die
Freude an dem Anblick der Schönheit, als die Schö=
pfung noch jung war, als die Götter von den irdischen
Wesen noch überrascht wurden, gegen eine lange Ge=
wohnheit längst verschwunden ist. Aber Maja lebt
noch immer fort, die alte Kupplerin des Himmels,
welche die lodernden Liebesbrände auch in die Herzen der
Götter warf. Sie ist die Göttin der Verwirrung, des
Unverstandes, des Truges; sie nimmt dem Regierer
der Welt die Zügel aus der Hand, oder blendet ihm
so die Augen, daß er auf Augenblicke sie fallen läßt.
Gibt es eine Liebe, welche die Schöpfung belebte, so
gibt es auch ihre Thorheit, ihre Kopflosigkeit, ihre
Schwärmerei, kurz die ganze süße Verwirrung der Lei=
denschaft, welche ein alter, von Propheten genährter
Wahn Haß genannt hat. Nein, meine Brüder!
laßt den Glauben an ein böses Princip, und fürchtet
nicht, daß ein uralter Erbfeind auf meine Schultern
steigen könne; nur ein Gegner droht dem Herrn der
Welten, er sich selbst.‘‘

Den Schamanen hatten diese Worte aus tiefem Nachdenken geweckt. „Lebt Gylluspa's Bild noch in seiner Seele?" fragte er sich selbst; „ist sie es, deren Macht er fürchtet?" Er schwankte, ob er dem Allmächtigen die aufgetragenen Grüße bestellen durfte; ob er Erinnerungen wecken sollte, die dieser vielleicht schon verloren hatte, oder welche ihn in Kreise zurückzögen, von welchen er sich für immer getrennt haben mußte. Und ohne zu erwägen, daß ihm Niemand in dem Verlauf dieser Gedanken hatte folgen können, rief er aus: „Ach, es wird niemals eine Vergangenheit für ihn geben, die kürzer wäre, als der Anfang seines göttlichen Lebens. Er hatte nie eine Jugend, deren Wiederschein sonnenhell in seinem Gedächtnisse leuchtete. Die Sphären=Harmonie ist jetzt sein Liebesgeflüster, das Leuchten der Sterne sein Liebäugeln, die Züge der Wolken seine Umarmungen."

„Ja, du mächtiger Löwe," sagte der General zu Maha Guru, „wer könnte würdig seyn, dich in seine Arme zu schließen? Du hast dir die Natur zu deiner Braut gerichtet, und die weiten Räume der Welt als die Kammer, in welche du sie führen willst. Und wir, dem Leibe nach deine Brüder, stehen an der Pforte lauschend, wie du die Glücklichste umfängst, mit ihr kosest, und mit deinen Allmachtsküssen den Bund besiegelst. Die Sitte unserer Väter verlangt es, daß des einen Bruders Gattin auch das Bett der andern Brüder theile; du wirst es deinen sterblichen Freunden nicht wehren, daß sie den Saum vom Kleide deiner

hohen Braut küssen; daß sie die Stellen erblicken,
wo du sie an deine Brust drücktest; daß sie wenig=
stens an uns vorüberrausche und einen Blick des Er=
barmens auf die sündigen Anbeter deiner Herrlichkeit
werfe. Dürfen wir diesen Theil an deiner Liebe
nehmen?"

Maha Guru senkte das Haupt, legte die Arme
unter die Brust und schwieg. Dann erhob er sie und
streckte sie aus mit himmelwärts gerichteten Augen, und
rief begeistert: „Sie kommen, die Boten der Liebe,
die Vögel und Bäche des Waldes, die Blumen und
Quellen der Gebirge, mit ihren klingenden, duften=
den Grüßen. Hörst du ihren leisen Tritt über das
schwellende Gras? Hörst du das Murmeln der Blät=
ter im Walde, wie die Heilige an ihnen vorüber=
zieht? Siehst du das Leuchten dort weit in der Ferne,
die goldenen Strahlen, den Widerglanz ihres Stirn=
bandes, ihres Gürtels? Sie ist es mit den dunkeln
Locken, den funkelnden Rubinen, die auf ihr schwar=
zes Haar gesäet sind. Beflügle deine Schritte, ge=
liebtes Mädchen; denn ermattet sinken mir die Arme,
da sie sich nach dir ausstrecken! Verwehre mir nicht
den Saum deines Kleides, die Spitzen deiner Fin=
ger; ziehe deinen Fuß nicht zurück, daß ich ihn auf
mein gebücktes Haupt setze! Du fliehst mich, Geliebte?
Du kennst ihn nicht mehr, den Freund deiner Ju
gend, seitdem er König der Welten geworden ist?
Bei meiner Allmacht, bleib zurück! Gylluspa, ge=
horche deinem Gotte!

Maha Guru lag mit ausgestreckten Armen auf
seinem Polsterthrone. Der Schaman, jeden Ausdruck
seines Bruders nachempfindend, berührte mit seiner
Stirn den Boden, und stieß einzelne Worte aus,
die seine zwischen Freude und Schmerz wechselnden
Gefühle bezeichneten. Der General der Kalmücken
endlich war, erstaunt über diesen Ausbruch der Begeisterung, aufgesprungen, um so mehr erschrocken,
als in diesem Augenblicke ein Besuch in den Saal
getreten war.

Es war der chinesische Correspondent, der mit
seiner schönen Schwester Schü-King vor den Thron
des Lama getreten, und ihm das Opfer seiner Huldigung darbringen wollte. Maha Guru kehrte sogleich wieder in die Lage zurück, die seiner Würde
gebührte, und hörte, während noch der Schaman in
leisem Murmeln dem Fußboden seine Gedanken an-
vertraute, die Anrede, die der Correspondent in den
zierlichsten Ausdrücken an ihn richtete. Wir ersparen
uns die Pein, sie hier wieder zu geben. Es war ein
Gemisch von den unverschämtesten Schmeicheleien, die
gegen die beigefügten Erklärungen des chinesischen Kaisers, dem Lama seinen Schutz zu sichern, und gegen
die Anerbietungen seines Gesandten, auffallend ab-
stachen. Bei aller Lüge, die in dieser langwierigen
Rede herrschte, war aber dennoch eine gewisse Scheu
vor dem Glauben, welcher ein ganzes Volk an den
Angeredeten kettete, nicht zu verkennen. Wie leicht
konnte hinter diesem Glauben eine Wahrheit stecken,

die sich an dem Läugner derselben empfindlich hätte rächen können?

Schü-King spielte bei dieser Audienz eine Rolle, die ihrem Charakter entsprach. Sie drehte, auf einem seidenen Kissen sitzend, ihren bunt gemalten Fächer in tausend Wendungen und setzte den jungen Gott durch ihre Coquetterie nicht wenig in Verlegenheit. Sie empfand ein sichtliches Wohlgefallen an Maha Guru's frischem Ansehen, an seinen bescheidenen Sitten, seinem sanften und milden Ausdruck in der Rede, und wenn sie gegen das Ende der Audienz aufhörte in ihren eiteln, gefallsüchtigen Bewegungen, so dürfen wir mit Recht schließen, daß der junge Mann einen tiefern Eindruck auf sie gemacht hatte.

Die Höflichkeiten des Correspondenten waren nur die Präliminarien weiterer Verhandlungen gewesen, in denen er gleichsam andeuten wollte, unter welchen Voraussetzungen ein Dalai Lama sich wohlbefinden und der Duldung des chinesischen Kaisers gewärtigen könne. „Ich höre mit Bedauern," fuhr er fort, auf den Kalmückengeneral die giftigsten Blicke schießend, „daß vor kurzer Zeit in den Straßen dieser Hauptstadt die Söhne des himmlischen Reiches einer Mißhandlung ausgesetzt gewesen sind. Es ist beklagenswerth, daß Tibet die Fremdlinge der Wüste in seine Thäler ruft, um von ihnen einen Thron vertheidigen zu lassen, dessen Schutz nur dem Sohne des Himmels gebührt; aber es ist eine sträfliche Vermessenheit, die Diener des mächtigsten

Kaisers angreifen zu lassen, und ihn zu beleidigen, indem man seine Gnade mit Undank belohnt.''

,,Was ist geschehen, das die Gränze des Gesetzes
überschritten hätte?'' fragte bestürzt der General.

Der Correspondent erzählte den am Morgen statt-
gehabten Auftritt, wurde aber von dem Schamanen
unterbrochen, der seine falschen Angaben berichtigte und
seine Uebertreibungen milderte.

Der Kläger behauptete, die Verletzung des Rechtes
sey so weit gegangen, daß es ihm schwer ankomme,
darüber zu schweigen. ,,Wie,'' sagte er zum Schamanen, ,,du willst das Uebertreibung nennen, was du
selbst für so wichtig gehalten hast, dich hineinzumischen?
So viel ich höre, ist bei der Rauferei ein Zopf verloren
gegangen und ein anderer schwebt noch in der Gefahr,
abgenommen zu werden. Man muß einen solchen Verlust zu würdigen wissen, um darüber Worte zu verlieren. Ich werde den Ausgang des zweiten Zopfes ab-
warten, und unfehlbar darüber an den chinesischen
Thron berichten, wenn er verloren geht.''

Maha Guru, der die Tyrannei der Chinesen wohl
fühlte, seufzte, und Schü-King war entzückt, wie schön
dem Jünglinge sein schwermüthiger Blick stand.

Der Correspondent konnte in seinen Beschwerden
kein Ende finden. Er hatte sie alle auf einer Papier-
rolle verzeichnet, die er im linken Rockärmel versteckt
hielt, und immer noch weiter hervorzog, obwohl sie schon
lang auf der Erde lag. Sein ganzer Leib schien mit
diesem Verzeichniß umwickelt, das bis auf das letzte

Ende mit Erinnerungen, Klagen, Vorwürfen bedeckt
war. Seine letzten Bemerkungen faßte der gefürchtete
Mann in diese Worte: „Ich beklage den Herrscher die=
ser Lande, gleich bei seinem Regierungsantritt in einer
Umgebung zu stehen, die sich seiner Autorität bedient,
um eigenmächtige Handlungen zu beschönigen. Im
Kloster der schwarzen Gylongs sind, wie ich höre, höchst
gesetzwidrige Unordnungen vorgefallen. Ein Gottes=
läugner, ein Religionsspötter wird aus den südlichen
Gegenden dorthin citirt, und bis zu seiner Verurthei=
lung in gefängliche Haft gebracht. Wie weitläuftig ich
dieß dem Allwissenden erzählen muß! Am Morgen nach
der Ankunft jenes Elenden und vor seiner verdienten
Hinrichtung, erscheint jener Mann, welcher durch die
Ehre neben dem Dalai Lama zu sitzen, auch Verbrechen
entschuldigen will, die er vorgibt, in Gottes Namen
zu begehen. Ich frage dich, kecker Knabe (er meynte
den Schamanen), warum du den schwarzen Gylongs
ihr Opfer geraubt hast? Im Namen meiner Mission,
wohin hast du den grauen Sünder verborgen? Gib ihn
heraus, oder du ladest den Rachezorn eines Mächtigen
auf dich!

Die Unverschämtheit des Correspondenten ging weit.
Er mischte sich in Dinge, die ihn nicht berührten. Wie
von einem heiligen Feuer ergriffen, loderte Maha Guru
auf und donnerte mit mächtigen Worten auf den unbe=
rufenen Unterhändler, den geistliche Angelegenheiten
nicht betrafen, ein: „Wer sind die schwarzen Gylongs?
Diener, die meinen Befehlen gehorchen! Wer bist du,

chinesischer Correspondent? Ein Narr, der mit seiner irdischen Weisheit den Himmel erklettert, um vom Glanz der ewigen Sonne geblendet, in die Tiefe zu stürzen. Wer ist der Gottesläugner? Ich kenne sie nicht, die mich nicht kennen, und dürste nicht nach dem Blute derer, denen ich Verzeihung gewähre, daß sie mich an meiner Liebe verstehen lernen. Weiche zurück, du lästiger Rabe, den ich nie mehr in diesen Mauern krächzen hören mag. Glaubst du, Schwachkopf, den Himmel in deinem Sacktuch zu fangen? Wehe, wehe über den Lästerer, der dem ewigen Gesetz Gesetze geben will!"

Und der Donner rollte über dem bebenden Zimmer, und Blitze zuckten schlängelnd vom Dache herunter, das sich öffnete und den Himmel in rothen Zornesflammen leuchtend zeigte. Ein geisterhaftes Flüstern rauschte durch den Saal, und die Wände fingen an, sich zu bewegen. Die Umstehenden fielen zitternd vor dem zornigen Gotte zu Boden, und als sie die Augen aufschlugen, hatte ihn eine Wolke umhüllt, daß er ihrem Anblick entzogen war.

———

Fünftes Capitel.

Eines Morgens riß sich mein Pferd vom Pfahle
los, und floh in die Ebene. Ich lief ihm den gan=
zen Tag nach, und als die Sonne verschwunden
war, hört' ich noch nicht auf, zu laufen, sondern
ich lief drei Tage und drei Nächte, und wie ich
den Schwanz meines Pferdes in der Hand hatte,
zog es mich in die Wohnung der Götter. Ich
ruhte meine Glieder in einem Stalle des Him=
mels. Was waren da für Pferde!

Erzählungen aus der Wüste.

Wir sind jetzt endlich auf den Punkt gekommen, zu
unsrer ersten Bekanntschaft, den Schicksalen Hali=
Jongs, wieder zurückzukehren.

Wir verließen ihn im Gefängnisse, kaum dem tu=
multuarischen Ausbruch eines priesterlichen Fanatismus
entronnen. Wenn solche Menschen, wie sie ihn em=
pfangen hatten, seine Richter seyn sollten, so blieb für
ihn nichts mehr zu hoffen übrig.

Hali=Jong befand sich in einem finstern Kerker, der
am Tage nur durch einige spärliche Oeffnungen an der
obern Wand erleuchtet wurde. Die erste Nacht, die
er hier auf einem Strohlager zubrachte, schwand ihm
unter Vorstellungen über seine Lage, welche jetzt ge=
recht zu werden anfingen. Erst am frühen Morgen
löste ein erquickender Schlaf die Brust von ihren
lastenden Ketten.

Am folgenden Tage wachte er über einem Wortwech=
sel auf, der in der Nähe seines Kerkers geführt wurde.
Er unterschied sehr bald die in Streit begriffenen Stim=
men, und hoffte aus dem sich Nähern der ihm wohlbe=
kannten, auf einen für ihn so wohlthätigen Besuch sei=
ner Brüder und Gylluspa's schließen zu dürfen. Aber
da es wieder still wurde, und er nur noch in der Ferne
ein Klagen und Schluchzen hörte, so wußte er, was
ihm ein eintretender Mönch, sein Kerkermeister, her=
nach bestätigte. Seine Lieben hatten ihn begrüßen und
sich nicht eher wieder von ihm trennen wollen, bis
der hereinbrechende Abend sie aus den heiligen Mauern
vertrieb; aber die grausame Strenge der ersten Vor=
steher des Klosters hatte sie daran verhindert. Einige
Speisen mußten die Stelle der besorgten Ueberbringer
derselben vertreten.

Das Fest des neuen Lama verhinderte die schwarzen
Gylongs, noch an diesem Tage ein solennes Ketzerge=
richt zu veranstalten. Hätte Hali=Jong darum gewußt,
so würd' er nicht jene knarrende Thürangel für den Bo=
ten seines entschiedenen Looses gehalten haben. Gegen
Abend hörte er hastige Tritte seinem Aufenthalte nahen,
der Riegel vor der Thüre wurde zurückgeschoben, und
eine Person trat ein, die zu erkennen die Dämme=
rung verhinderte.

„Rüste dich eiligst, diesen Ort zu verlassen," sagte
der Fremde, und Hali=Jong, der diese Wände nur
zu seinem Tode zu verlassen gewärtigte, zögerte, sei=
nen Winken zu folgen.

„So mögen mich die Götter behüten!" sagte der Gefangene, als ihm der Andere deutlich von Flucht ge= sprochen hatte; entweder ist dein Rath nur eine Falle, die mir die Väter legen, oder die Gefahr wird um so größer, wenn wir ihr entrinnen wollen und auf der Flucht ergriffen werden. Wer bist du auch, daß mein Schicksal dich erbarmte?"

„Wir entweichen," entgegnete eilig der Fremde, „ohne deßhalb zu fliehen, weil deine Wächter dich die= sen Ort verlassen sehen werden. Säume nicht länger, damit wir die Rückkehr der Vorsteher vom heutigen Feste vermeiden."

Hali=Jong besann sich jetzt nicht länger, raffte seine Kleider zusammen und folgte seinem Führer, in dem er und wir den Schamanen erkennen. Der Weg ging durch dichtgedrängte Straßen, in denen sich Hali=Jong ohne Begleiter verirrt hätte. Sie folgten dem Zuge, der über das Gebiet der Stadt hinausströmte und den Palast des Dalai Lama belagerte, um die endlich auf seinen Zinnen erscheinenden Fahnen mit einem donnern= den Geschrei zu empfangen. Sie wandten sich aber von der Fronte dieses großartigen Gebäudes, das selbst einer kleinen Stadt glich, ab, und verfolgten eine Reihe von Seitengebäuden, an deren äußerstem Ende sie inne= hielten und durch eine kleine Thür in das Innere der großen Wohnung des Dalai Lama traten. Hier wies der Schaman seinem Schützling ein abgelegenes, aber bequemes Zimmer an, das er unter keiner Bedingung verlassen zu wollen versprechen mußte.

Der Schaman hatte Alles an die Rettung Hali=
Jongs, die er Gylluspa versprochen, zu setzen, wenn er
sie gegen eine so mächtige Partei, als die Priester wa=
ren, durchsetzen wollte. Obschon ihm seine Würde, als
Bruder des Höchsten, alle Wege öffnete, die er ein=
schlagen mußte, um Hali=Jong einstweilen zu sichern,
so durften ihm doch überall die Fanatiker folgen und
zuletzt ihr Opfer wieder zurückfordern, wenn es der
Spruch des Lama ihnen nicht entzogen hatte. So war
die Rettung, die er dem Ketzer angedeihen lassen konnte,
nichts mehr als ein Aufschub der Strafe, die nur durch
höchsten Spruch abwendig gemacht werden durfte. Wie
vieler Verantwortung er sich dabei aussetzte, bewies ihm
der jüngste Vorfall mit dem Correspondenten. Sey es
nun, daß das System der Spionage, welches dieser
Mensch über ganz Lassa verbreitet hatte, ihn von den
kleinsten Abweichungen der gewöhnlichen Ordnung der
Dinge, in Kenntniß setzte, oder daß ihm die Gylongs
von den eigenmächtigen Eingriffen des Schamanen in
diese Ordnung, Nachricht gegeben hatten, so war es
ferner unumgänglich, den Dalai Lama von diesen Ver=
wicklungen zu benachrichtigen. Der Schaman hätte
dieß gern vermieden, weil er wohl einsah, wie schwer
es dem Bruder ankommen würde, gleich durch seine
erste Regierungshandlung den Eifer der Zeloten gegen
sich aufzuwiegeln. Aber was ließ sich Anderes thun?

Den Laien ist der Dalai Lama nur zu gewissen
Stunden des Tages zugänglich. Alle übrigen muß er
im Gebete und Regieren mit den höchsten geistlichen
Wür=

Würdeträgern zubringen. Selbst dem Bruder war es dann unmöglich, zu dem ängstlich bewachten Gotte Zutritt zu finden. Dieser Umstand mußte seinen Planen sehr ins Licht treten. Was er befürchtete, traf auch zu.

Die geistlichen Herrn drangen auf Maha Guru mit Verwunderungen über die im Namen Gottes begangene Befreiung eines Gottesläugners ein. Der Lama wußte aber selbst von der Angelegenheit nicht mehr, als daß sein Bruder diese Befreiung vorgenommen habe, und wie entrüstet er darüber war, daß ihm dadurch die Geistlichkeit mit ihrem Argwohn und ihrer immer regen Verdächtigung auf den Rücken kam, so war er doch begierig auf die Umstände, die seinen Bruder zu solchen Eingriffen in die Vorrechte der Inquisition bewogen haben mochten. Selbst wenn er von diesen mehr gewußt hätte, so würde er zwischen den Wünschen des Herzens und des Mitleids und den Forderungen der großen Kirchenlichter einer schwierigen Wahl nicht ausgewichen seyn. Da er aber von dem Urheber des himmelschreienden Verbrechens nichts wußte, nach seiner Person und Herkunft sich nicht erkundigt hatte, so hatte er, um die harte Zurückweisung der chinesischen Anmaßungen wieder gut zu machen, noch an demselben Abend den drängenden Priestern versprochen, dem Gange der Gerechtigkeit freien Lauf zu lassen und von seinem Bruder die Auslieferung des entführten Verbrechers zu verlangen. Er hatte damit mehr versprochen, als er leisten konnte. Denn wenn er die Person erfuhr, um deren Leben es sich handelte, wie konnte er sie denen

ausliefern, unter deren Händen man bald sein Leben
aushauchte!

Die ersten Augenblicke, da es den Laien gegönnt
war, den Lama zu sprechen, hatte der Schaman schon
benutzt. Jetzt verließ er ihn, und Maha Guru blieb
mit einem zerrissenen Herzen und mit unsicheren Ent=
schlüssen auf dem Throne seiner Herrlichkeit zurück. Wel=
che Dinge hatte er vom Bruder erfahren! Derselbe
Verbrecher, dessen Schicksal er preisgab, wenn er sein
Versprechen wegen der Auslieferung erfüllte, war der
Vater eines Wesens, das ihm über Alles theuer und
werth war. Gylluspa selbst, ein Gedanke, der sonst
nur schwache Fäden in seiner verwickelten, wunderbaren
Laufbahn zog, trat jetzt wieder mit der ganzen Macht,
die in der Erinnerung und in der Ueberraschung der
Nähe liegt, vor seine Seele. Er fürchtete das Wie=
dersehen und sann darüber nach, wie er es für Hali=
Jong zu einer Abwendung seiner Gefahren machen
sollte. Wie Gylluspa begegnen? Darüber fand er bei
sich nur dämmernde Beschlüsse, und wir sehen in ihm
einen Gott, der etwas auf die lange Bank der Zukunft
schiebt, um davon nicht in Augenblicken gedrängt zu
werden, da er zu Mißgriffen vielleicht sehr empfäng=
lich war.

Der Schaman kehrte von seinem Bruder ohne einen
andern Erfolg zurück, als den, ihn durch seine Mit=
theilungen überrascht zu haben. Weil er wohl einsah,
daß Maha Guru zu willenlos war, um in dieser Sache
einen festen Entschluß zu fassen, so beschloß er so auf

ihn zu wirken, daß er in einer Uebereilung sich dem
Clerus gegenüber stellte, und diese Uebereilung so zu
machen, daß er sie nicht widerrufen konnte. Er gab
daher dem Wunsche Hali=Jongs nach einer Audienz
beim Herrn der Heerschaaren nach, und führte ihn vor
den Lama, von dem sein Schutzbefohlener aber nicht
wußte, daß er an ihm einen ehemaligen Bekannten wie
der finden würde.

Hali=Jong trat vor Maha Guru mit aller Zerknir=
schung seiner Lage, seines Verbrechens, seiner Anbetung
vor dem Heiligsten. „Wehe mir!" rief er aus, „ich
hoffte noch einst in meinen alten Tagen vor den Löwen
des Weltalls zu treten; aber ich ahnte nie, daß ich statt
der erwarteten Belohnung meiner Tugenden mich im
Staube meiner Verbrechen winden müßte. Ich liege
wie ein Wurm vor dir, der nichts zu erwarten hat, als
von dir zertreten zu werden."

Maha Guru erkannte die Züge des alten Herrn
wieder, dem er oft bei seinen wunderlichen Fabricationen
mit kindischer Neugier zugesehen hatte. Hali=Jong
scherzte damals gern mit dem jungen Buben, gab ihm
hundert sonderbare Namen, und lief zuweilen, um ihn
zu schrecken, mit einem glühenden Eisenstabe hinter dem
Schreienden her. Wie oft hatte er die Streitigkeiten
geschlichtet, welche zwischen Maha Guru, seinem ältern
Bruder und den vielen Kindern der Fabrik oft mit blu=
tigen Köpfen ausbrachen. Wie oft hatte er in der Art
eines spaßhaften, gutmüthigen alten Vaters die früh
keimende Neigung zwischen Gylluspa und Maha Guru

zu einer Heirath ausgelegt, und bedauert, daß der wilde
Störenfried, der ältere Bruder, gegen sein Verdienst
durch die hergebrachte Sitte, dann an diesem glücklichen
Bunde Theil nehmen durfte. Und dennoch hatte die
Zeit und sein Schicksal alles aus seinem Gedächtnisse,
was das Bild des jungen Maha Guru zurückrufen
konnte, verwischt. Seine Erinnerung reichte nicht
weiter, als der Anfang seiner entdeckten Strafbarkeit.
Am wenigsten konnte er seinen jungen Freund in dieser
göttlichen Eigenschaft, an diesem Orte, in dieser Umgebung wieder zu finden erwarten.

Nachdem sich der Lama über die nähern Umstände
des in Frage stehenden Versehens unterrichtet hatte,
frug er Hali-Jong nach vielen Dingen, von welchen
dieser nie geahnt hätte, daß sie einem Fremden bekannt
seyn könnten. „Wie groß bist du in deiner Herrlichkeit! rief er erstaunt aus; „dein Auge reicht weit über
die Länder und Meere, und nichts bleibt ihm verborgen.
Du kennst meine Niederlassung (ach, daß sie mich wieder hätte!) ohne sie gesehen zu haben. Du weißt die
Anzahl der Schornsteine, die den Rauch aus meinen
Feueressen leiten. Sogar die Sprossen auf den Lei-
tern, die zu meinen Taubenschlägen führen, hast du
gezählt!“

Maha Guru lächelte über die Täuschung, die den
Alten blendete. „Wie leben deine Brüder?“ fragte er;
kann sich Hili-Jong noch immer nicht an die Schafs-
felle gewöhnen? Wie ist's mit Holi-Jongs linkem Auge,
das er sich einst durch glühendes, spritzendes Metall ver-

brannt hat? Er verschmähte es damals, sich heilen zu
lassen."

„Großes, unendliches Wesen!" stammelte der Ge=
fragte, den diese Kenntniß seiner häuslichen Angelegen=
heiten erstaunen machte; „was darf ich dem Allwissen=
den sagen, das er nicht schon weiß? Jetzt darf ich
hoffen, daß du meinem gerechten Wandel Glauben
schenkst. Du wirst die Büchsen kennen, die ich, mit
heiligem Gangessande gefüllt, unter meinem Haupte
des Nachts liegen habe. Du wirst die frommen
Amulette, welche mir heilige Waller von Jagarnaut ge=
bracht, in meiner Behausung wohl gesehen haben; ja
es kann dir auch nicht unbekannt seyn, um wie viel leich=
ter meine Geldtruhen geworden sind, seitdem ich uner=
meßliche Summen darauf verwandt habe, in Alahabad
für meine Rechnung jährlich zehn Büßende zu kasteien."

Maha Guru ließ diese Anpreisungen eines gott=
heiligen Wandels, den er zu würdigen wußte, und fragte:
„Du sprichst aber nicht von Gylluspa. Wie viel Zoll
braucht sie noch, um so groß zu seyn wie du?"

Hali=Jong riß die Augen auf. Er stand wie ver=
steinert über die Kenntnisse, die sein König und Meister
von seinen Angelegenheiten hatte. Gylluspa's Name
konnte für ihn nicht besser erwähnt werden. Er glaubte
durch eine Schilderung ihrer Tugenden seine Verdienste
in ein besseres Licht zu stellen, und schickte sich zu einem
endlosen Redeschwall an. „Daß ich Euch ein Bild die=
ses Weibes entwerfen könnte!" rief er aus. „Soll
ich von ihrer Mutter und ihrer Wiege und den glücklich

überſtandenen Kinderkrankheiten anfangen? Nein, man
muß ihre Tugenden und Vollkommenheiten kennen, um
die Verdienſte ihres Vaters zu würdigen. Die Erziehung iſt ein Werk des Beiſpiels und der Unterweiſung.
Gebt Gylluspa eine Cither in die Hand, welche Lieder wird ſie ſingen? Lieder, die ſie ſelbſt verfertigt und
nur den Preis der Mäßigung, der Natur und der Götter beſingen. Daran erkennt man den Umgang, den
ſie gepflogen. Ihre Stimme im Geſang hat nichts von
der weltlichen Frechheit, welche die chineſiſchen Komö-
dianten über unſre Berge verbreitet haben, ſondern ſie
iſt nach Grundſätzen modulirt und nur der Ausdruck
einer für das Schöne in der Kunſt empfänglichen
Seele. Allerdings iſt dieſes Alles nur durch dein Zu-
thun, großer Meiſter, ſo herrlich ausgeſchlagen; aber
ich habe verhindert, daß ſie deine Wirkungen miß-
kannte; ich war es, der ſie lehrte, nur deinen Preis
zu erheben und in Liebesſehnſucht zu dir zu vergehen.
O kann die Tugend einer Tochter nicht die Schuld eines
Vaters tilgen?“

Maha Guru empfand nichts von dem Lächerlichen,
das in den Schlußfolgen und Beweisführungen des Alten lag. Es genügte ihm, daß ſie im Zuſammenhange
mit Gylluspa, der unvergeßlichen Freundin ſeiner Jugend, ſtanden, und er hörte mit Entzücken auf die
kleinlichen Ausführungen ihrer Vorzüge im Munde ihres Vaters. Er würde noch länger ſich der Wonne
dieſer Erinnerungen hingegeben haben, hätte nicht ein
neuangekündigter Beſuch die ſchnellſte Entfernung Hali-

Jongs, der von keinem Priester gesehen werden durfte, verlangt. Er winkte mit der Hand, und der Ketzer verließ nicht ohne einige Hoffnungen den Saal.

Hinter dem Palaste des Lama liegt ein umfangreicher Garten, und hier sehen wir Maha Guru einige Stunden später im Schatten der Bäume wandeln. Wie rauh und abwechselnd auch das Klima dieser hochgelegenen Gegend ist, so trifft man hier doch auf Pfirschen und Granatäpfel, ja selbst auf Orangen und Limonen. In der Mitte des Gartens stand ein großer Mangobaum, dessen Zweige von den reifenden Früchten herabgebogen waren.

Ein lustwandelnder Gott! Das ist eine Scene aus den ersten Tagen der Schöpfung. Freudig müssen dem Herrn der Welten die Augen geglänzt haben, als sein erstes Meisterstück vollendet vor ihm lag. Damals, als sein Bart über den vielen Kummer, den ihm die Erde verursacht hat, noch nicht grau geworden war, oder, wie die Juden und Helden lehren, als die Götter noch Wohlgefallen hatten an den Töchtern dieser Erde, gingen sie wohl unter den Bäumen und labten ihr Auge an den Blüthen und Früchten, die an den Zweigen herunterhingen. Die Weiber kamen dann oft zu ihren Männern und die Jungfrauen zu ihren Vätern, wonnetrunken, daß sie hinter einem blühenden Gesträuch einen Gott erblickt hatten, oder daß er ihnen auf einem grünen Wiesenplan begegnet, sie mit kosenden Worten verführt, und in einer heimlichen Grotte unsterblicher Umarmungen gewürdigt habe. Die Vä

ter und Männer jauchzten über diese Botschaften freu=
dig auf, errichteten einen Altar und opferten Brand=
opfer des Dankes und der Anbetung. Die Söhne und
Enkel aber wuchsen heran, und ragten mächtig im Volke
als unverwundbare Helden hervor, beschützten und ver=
theidigten Troja, stahlen das goldene Vließ, gründeten
Städte und Königreiche, und säuberten die Erde von
giftigen Ungethümen. Das waren die alten Götter und
ihre lustwandelnden Spaziergänge. Die neuen Götter
sind alt und mürrisch; sie legen keine Sorgfalt mehr auf
ihren Bart, seitdem er grau geworden ist, sie leiden
an Hypochondrie und scheuen das Tagslicht. Die Men=
schen haben sich auch längst daran gewöhnt, sie auf ih=
ren Ausfahrten nicht mehr zu sehen. Denn als ein
Unglück, der Tod, damit verknüpft war, daß man ei=
nen Gott erblickt hatte, da hatte man auch das Auge
für diese Erscheinung verloren, und seitdem sind die
Götter nicht mehr von Angesicht geschaut worden. Aber
sollten sie nicht zuweilen noch auf die Erde herabsteigen,
und sich in den Räumen, die sie geschaffen, ergehen?
Es gibt Augenblicke, im Leben des Alls, da man an
eine solche göttliche Erholung glauben möchte. Aber
ach, daß sie immer seltener werden! Die Räder der al=
ten Maschine rosten immer mehr ein; wir hören die
schreienden Töne, wenn sie einmal heftiger in Bewe=
gung gesetzt werden. Das große Weltenauge wird je
älter, je schwächer. Es wird noch dahin kommen, daß
sich das Auge der Vorsehung einer Brille bedienen muß.
Die große Schlange, deren Ring die Welt umgürtet,

häutet sich nur noch mit den größten Anstrengungen,
und der Erdball hat auf dem Rücken der Schildkröte,
die ihn trägt, sehr tiefe Eindrücke gemacht. Schon
seit vielen Jahren sehen wir Gott in der größten Arbeit, die Vorsehung hat alle Hände voll zu thun, und
das Amt der Gerechtigkeit ist wegen überhäufter Geschäfte gänzlich den Richtern der Erde überlassen worden. Wie ist das auch anders möglich? Die alten Götter wechselten unter einander ab, und wer nicht die
Wache hatte, ging auf die Erde zur Erheiterung, die
ihm der langweilige Olymp nicht gewähren konnte.
Wir haben alle Sorgen des Weltregimentes auf einen
einzigen Gott übertragen: wann kann er Zeit finden,
fertig zu werden und ein Stündchen der Erholung zu
widmen! Darum leben wir auch ein Leben, so traurig,
so umwölkt, während unsre Vorfahren sich im Glanz
ihrer Götter sonnen konnten! Wann werden wir wieder
die Geister der Natur in freudiger Aufregung sehen,
weil ihnen der Besuch des Höchsten angekündigt ist?
Wann wird meine Seele wieder untertauchen in die
ganze, volle, wonnige Lust einer dämmernden Mondnacht? Und wann wird an das entzückte Ohr der
Wonneschauer klingen, wie der Gott lustwandelnd
unter den Zweigen vorüberzieht?

Maha Guru lag unter dem duftenden Mangobaum, und verfolgte die Aussichten, welche sich seinem Auge darboten. Der Garten lag tiefer als seine
Umgebung. Es führten terrassenförmige Stufen, die
in den Felsen ringsherum gehauen waren, von mehre-

ren Seiten in ihn hinein, so daß er ohne Einfriedigung
Jedem zugänglich war. Die oberhalb der Terrasse füh=
rende Landstraße war mit Fußgängern, Reitern, Fuhr=
werken belebt. Welcher Reisende hätte sich so in der
Nähe seines Gottes geahnt?

Dort wagte Jemand, vom Wege in den Garten
herabzusteigen. Es war ein Weib, tief in weite Klei=
der gehüllt, doch nicht verschleiert. Sie maß besorgt
ihre Schritte, blickte zuweilen ängstlich um, stand dann
wieder still, und mußte daher Maha Guru's Neu=
gierde auf das lebhafteste spannen. Er stand auf
und ging der Kommenden, deren Absicht er nicht be=
greifen konnte, entgegen.

Dieser majestätische Wuchs, diese schönen trotz der
Verhüllung erkennbaren Glieder, dieser vorsichtige, aber
doch eigene Gang, waren dem Gotte nicht unbekannt.
Es bedurfte nicht einmal der Nachricht, daß Gylluspa
in Lassa sich befände, er würde sie in der Fremden er=
kannt haben. Gylluspa erschrack, als ihr ein Mann
den Weg vertrat. Sie war hieher gekommen, um den
Aufenthalt ihres Vaters, der in dieser Gegend liegen
sollte, aufzusuchen.

Die Liebe hat ihre Erkennungszeichen, die auch nach
vielen Jahren noch untrüglich sind. Ein scharfer Blick,
ein Erstaunen, ein halber Zweifel und zuletzt die süßeste
Gewißheit! Die Liebenden lagen sich in den Armen, ehe
sie noch sicher seyn konnten, sich nicht getäuscht zu ha=
ben. Dem Pizzicato der ersten Umarmung folgte ein
trunkener Staccatokuß, bis sich die Freude des Wieder=

sehens, die Wonne der Ueberraschung, die Seligkeit
der heitersten Hoffnungen in die langaushaltende Fer=
mate auflösten. Gylluspa sah in Maha Guru nur
den Freund ihrer ersten Jugend wieder, dessen Nähe für
sie in dieser Gegend nichts Auffallendes hatte, da sie
den Schamanen hier wußte. Maha Guru selbst aber
vergaß, was er sich und dem Himmel schuldig war;
die Erde hatte ihn wieder; nur der Mensch kann eine
jauchzende Freude empfinden.

Jede Europäerin würde ihrem wiedergefundenen
Liebhaber den Vorwurf gemacht haben, warum er we=
nigstens bei seiner langen Abwesenheit nicht an sie ge=
schrieben habe? In einem postenlosen Lande geschah das
nicht, und Gylluspa unterließ es, von der Vergangen=
heit zu reden, mit Entschlossenheit der Gegenwart in
die Zügel fallend.

Sie setzten sich im Schatten des Mangobaumes nie=
der, mit verschlungenen Händen, den Sehkreis nur
in dem engen Raume des wechselseitigen Auges suchend.
Gylluspa erhob ihre melodische Stimme und fragte
Maha Guru, warum nur sein Bruder in die Her=
berge gekommen sey, und nicht auch er, der ihr un=
zählige Male willkommener?

Jetzt erst fühlte Maha Guru, in welche Lage er
gekommen. Wenn ihm auch die stumme Sprache des
Blicks, der Umarmung des Kusses nicht fremd war,
weil der Mensch, wo er sich ihrer bedient, immer an
das Gebiet des Himmels streift, so überraschten ihn
doch diese naiven Fragen, die eine lauschende Priester=

schaft, an den Dalai Lama gerichtet, für blasphemische Ketzerei erklärt hätte. Was sollte er antworten?

Zum Glück behandelt die Liebe das Gespräch immer nur sehr geringschätzig. Sie wirft oft drei Fragen mit Einem Male auf, und wartet die Antwort so wenig darauf ab, daß sie dieselbe, wenn sie wirklich erfolgt, für eine ihr vorgelegte Frage hält. Darum konnte Gylluspa eine Frage auf die andere stellen, ohne daß es ihr auffiel, wie ungenügend die Antworten waren, die Maha Guru darauf gab. Als sie aber auf die Schicksale ihres Vaters und die Hoffnungen kam, welche Maha Guru's Wiedererscheinen für die Zukunft in ihr ege gemacht hatte, da war es ihr um unumwundene, leserliche Ausdrücke zu thun, die sich bis jetzt in seinen Reden noch nicht gefunden hatten.

„Dein Bruder," sagte Gylluspa, „will meinen Vater durch den Schutz des größten aller Götter, den er für sich in Anspruch nehmen muß, retten. Er hat ihn auch deßhalb in den Palast des Dalai Lama verborgen, wo ich ihn aufsuchen wollte. Du wirst mich zu ihm führen, und wenn ich auch nur unter seinem Fenster einige Worte sprechen darf: sie werden genügen, um ihm auf Augenblicke einen Trost zu verschaffen. Dein Bruder hat doch den Ort vor dir nicht geheim gehalten?"

„Meine theure Gylluspa," antwortete Maha Guru, „mir ist nichts verborgen. Mein Auge sah Alles, meine Hand war bei Allem zugegen; du wirst

den unglücklichen Mann wiedersehen, den du nicht mit
Unrecht deinen Vater nennst.‘‘

So konnte noch immer ein Gott sprechen, ohne sich
etwas zu vergeben.

„Dürfen wir hoffen,‘‘ fragte Gylluspa, „daß sich
der Herr des Himmels seiner schlechtbestellten Sache annehmen wird? Dein Bruder sagte, daß von deiner
Verwendung Alles abhänge!‘‘

„Nichts kann hierin gegen meinen Willen geschehen,‘‘ entgegnete der Gott. „So groß das Verbrechen ist, dessen Hali-Jong bezüchtigt wird; so streng
der Gang der Gerechtigkeit, den er ohne Widerrede
machen muß: so wird doch die Einsicht seine Unschuld
erkennen, oder die Gnade ihm seine Schuld vergeben.
Gylluspa, habe Vertrauen zu deinem Freunde, und
lege die Sache ganz in seine Hand!‘‘

Die besorgte Tochter konnte mit dieser Erklärung
sich zufrieden geben. Alle Hindernisse auf der luftigen
Bahn der Träume und Erwartungen, die Maha Guru's
Liebe in ihr weckte, waren damit aus dem Wege ge-
räumt. „Noch ehe der Schnee die Thäler verschüttet,‘‘
sagte sie, ihre Arme um den Geliebten schlingend,
„wird das dumpfe Gemurmel des Pa-Tschieu wieder
an unser Ohr schlagen. Du kannst an diesem Ort nicht
zurückbleiben wollen, da ich nichts von einer Würde
höre, die du hier bekleidest. Du bist weder Zumpun,
noch Zempi, noch trägst du Waffen, daß ich den Krieger in dir vermuthen könnte. Warum wolltest du nicht
in die verödeten Hallen deines väterlichen Wohnsitzes

nach Dukka Jeung zurückkehren? Die rauhen Winter=
tage würden dich nie abhalten, deinen Weg nach Paro
zu nehmen; von grauem, Alles verhüllendem Nebel
umgeben, würden wir nur Muße finden, unsre Augen
auf uns allein fallen zu lassen. So wahr ich diesen
Kuß von dir auf meine Stirn empfangen habe, du
kannst in Lassa nicht bleiben, und wirst mit meinen
Vätern zu den Gräbern der deinigen zurückkehren!"

„Ich bin überall," sagte Maha Guru, „wo dein
Athem die Luft belebt!"

„Wir suchen die Oerter wieder auf, welche die Hei=
ligthümer unserer Erinnerung sind."

„Sie sind meinem Gedächtnisse noch nicht entschwun=
den. Die Liebe ist die Ewigkeit, und im Reiche der
Unsterblichen gibt es nur den Frühling."

„Was werd' ich dir Alles zu zeigen haben," fuhr
Gylluspa mit kindischer Freude fort; „Vorhänge hab'
ich gewebt, welche die Thaten der Götter darstellen, und
du sollst mir das Zeugniß geben, daß ich die rechten
Momente wählte und in den Gruppirungen mit Ge=
schmack verfuhr. Auch in der Kunst der Verse hab'
ich Fortschritte gemacht, obschon sie den deinigen nicht
gleich kommen werden. Eine Reihe von Oden ist an
den zukünftigen Dalai Lama gerichtet, die andern an
dich, von dem ich sicher weiß, daß er die Mängel in
der Form auf die Rechnung des Herzens setzen wird."

„Du solltest diese beiden Reihen," fiel Maha Guru
ein, „in e i n e n Band leimen."

Sey es nun, daß Gylluspa dieser hingeworfenen

Bemerkung nicht nachdenken wollte, oder daß sie ein
Geräusch hinter den Blättern des Gebüsches davon ab-
brachte, sie fuhr in ihren Schwärmereien ungestört fort:
„Auf einem großen Gemälde hab' ich Narrain, von
seinen Freundinnen umgeben, gemalt, wie sie den Anfang des Frühlings feiern. Es stellt eine Scene des
Himmels dar, aber die Personen sind dem Feste entnommen, wie wir es oft zusammen gefeiert haben.
Du selbst bist der jugendliche Gott, der Meister der
Musik und des Tanzes, der Spender der Freude und
der Schönheit, wie du mit den aus der Blume Julba
zusammengekugelten Blättern auf mich, als die Göttin
deiner Wahl, wirfst. Alle andern Huli's zeigen lachend auf die scharlachrothen Flecken, welche die Kugeln
auf mein Gesicht gefärbt haben.‟

In demselben Augenblicke wurden die traulich Kosenden durch ein lautes Geschrei aufgeschreckt. Der älteste
Bruder Maha Guru's, der Kalmückengeneral, sprang
auf sie ein, trat schützend vor den Lama, und drängte ihn
in das Gebüsch hinein. Zu gleicher Zeit zog am obern
Rande des Gartens ein Detaschement chinesischer Cavallerie vorüber, der Oberst Tschu-Kiang an der Spitze,
und der Correspondent in einem Palankin in der Mitte.
Die zärtliche Gruppe unter dem Mangobaum war
von dort oben vollkommen sichtbar, und in der That
streckte sich der Correspondent aus seinem Tragsessel mit
langem Halse hervor, die Brille an die Augen drückend,
und eine im Garten des Dalai Lama so auffallende Erscheinung mit unbeschreiblicher Neugier fixirend. Hatte

er Maha Guru in dieser Lage erkannt, so ließ sich von einer solchen Entdeckung leicht eine Anwendung erwarten, die selbst ein Gott zu fürchten Ursache hatte.

Der General war in Begleitung mehrerer hohen Beamten erschienen, die zwar nicht Zeuge der göttlichen Umarmungen, aber nicht wenig erstaunt waren, in diesem Bereiche auf ein Weib zu stoßen. Gylluspa begriff von diesen Auftritten nichts; sie erschrack vor der geheimnißvollen Art, wie man Maha Guru begegnete; kein anderes Gefühl würde in dieser Lage ihre Scham über die plötzliche Dazwischenkunft zurückgedrängt haben; aber diese augenblickliche Umgebung, diese Zwei- und Dreideutigkeit der Mienen, der Bewegungen hatte für sie etwas so Auffallendes, daß sie regungslos die Blicke wiedergab, welche die Männer verwundert auf sie warfen. Es ließ sich wohl nicht umgehen, daß sie endlich durch die sie umgebenden, zuletzt in Andacht sich auflösenden Umstände, auf eine Vermuthung kam, die zu tödtlichem Schrecken ihr bald bestätigt wurde. Mit einem Schrei des Entsetzens sank sie zu Boden; ihr Auge rollte, die Haare lösten sich flatternd am Winde, und ein phantastisches Gemurmel legte sich wie Schaum vor den Mund einer Wahnsinnigen.

Die griechischen Heroinen, welche in grauer, mythischer Vorzeit der Ehre einer göttlichen Liebe gewürdigt wurden', standen mit den Göttern längst auf dem Fuße einer weitläuftigen Schwägerschaft, oder in sonstigen Beziehungen, die ihnen die Zärtlichkeiten des Himmels nicht so schrecklich machten. Die Götter erschienen auch nicht

nicht im glänzenden Gefolge ihrer Heerschaaren; sie zogen sich die Flügelschuhe von den Füßen, nahmen die Gestalt eines Dritten an, oder huschten in allerhand spaßhafte Verwandlungen. Danaë sah ihren Gott als goldenen Regen, Leda als einen wollüstigen Schwan, Europa als einen schwanzwedelnden Stier. Diese Incognitos waren selbst in jener, an göttliche Erscheinungen gewöhnten Zeit so nothwendig, daß Semele, als ihr Jupiter einmal nicht durch das Hinterpförtchen, sondern mit sechs Pferden in glänzender Carrosse, mit betreßten Mamelucken, seine Aufwartung machte, wie sie es wünschte, augenblicklich des Todes erblich. Was soll man daher von einer Lage sagen, wo ein Mädchen in ihrem Freunde nicht nur den Abgott ihrer Schwärmerei, sondern in der That den Gott ihrer Andacht wiederfindet! Wenn das Weib in Europa an einem glattgescheitelten, hagern, verklärten Candidaten der Theologie schon sehr wenig hat, was hatte Gylluspa an einem Wesen, das die Theologie selbst war? Ich brauche wohl nicht hinzuzufügen, daß eines Dalai Lama der Umgang mit dem weiblichen Geschlechte gänzlich unwürdig ist.

Gylluspa erwachte aus ihrer Bewußtlosigkeit in den Armen des Schamanen.

———

Sechstes Capitel.

Der blaue Gott floh auf einen Kokosbaum; aber
der rothe folgte ihm, und legte Feuer darunter
an.

     Ceylonesische Mythe.

An einem schönen milden Tage versammelten sich die
Bewohner von Lassa zu den Vorbereitungen einer Abend=
unterhaltung. Die Eingänge eines befestigten Hauses
waren von dichten Haufen belagert, die, so neugierig
sie sich an die Thüren drängten, doch für den Augenblick,
da sie geöffnet wurden, auf dem Sprunge standen. Endlich
hörte man ein dumpfes Brüllen hinter den hohen Por=
talen, dann das Zurückschieben großer eiserner Riegel,
und die Menge wich schleunigst denen, die durch das
Thor gelassen werden sollten, aus dem Wege. Ein
langer Zug von wilden, die Erde stampfenden, brül=
lenden Stieren kam jetzt zum Vorschein. An dem klei=
nen Kopfe, den gekrümmten Hörnern, dem starken
Halse, der tiefen Brust und den kurzen Vorderschenkeln
erkannte man indische Race, die für öffentliche Belusti=
gung vom Staat unterhalten wurde. An dem muthi=
gen Springen, den rollenden Augen, dem wedelnden
Schweife sah man die Kampflust, mit welcher sich
diese Thiere zu durchbohren drohten. Nach vielen von
den Führern überstandenen Fährlichkeiten kamen diese

Gyalſtiere an dem Orte an, wo ſie Proben ihrer Kühn=
heit, Gewandtheit und Körperſtärke ablegen ſollten.
Im Bereich eines großen Zirkels wurden ſie, an Pfäh=
len befeſtiget, durch die Neckereien der Matadore zur
Kampfluſt gereizt. Rings um dieſen innern mit locke=
rer Erde belegten Raum erhoben ſich Eſtraden, welche
von einer unabſehbaren Zuſchauermenge beſetzt waren.

Dieß war keineswegs eine Beluſtigung für den Pö=
bel, ſondern die vornehmſten Chargen von Laſſa hatten
ſich in angemeſſener Umgebung zu dem bevorſtehenden
Schauſpiele eingefunden. Auf einem hervorſtehenden,
mit Vorhängen bedeckten Erker, finden wir auch den
chineſiſchen Correſpondenten, ſeine Schweſter Schü=
King und ihren ſchmachtenden Anbeter, den Oberſten
Tſchu=Kiang. Sie beherrſchten die ganze Umgebung,
die ſcheu und ehrfurchtsvoll zu den Gewalthabern dieſer
Loge heraufblickte. Alle drei nahmen mit der vornehm=
ſten Herablaſſung die Huldigungen an, welche ihnen
durch demüthige Verbeugungen und unzählige andere
Complimente dargebracht wurden. Zu den Gründen,
welche den Oberſten beſtimmten, ſich nach aufgeblähter
Pfauen=Art in die Bruſt zu werfen, kam insbeſondere
noch das Wohlgefallen, das er an ſich ſelbſt empfand.
Er warf die Oberlippe weniger aus deſpotiſcher Laune,
als in der Abſicht ſich von der wohl erhaltenen Schwärze
ſeiner gefärbten Barthärchen zu überzeugen. Er ſaß
unbeweglich mit dem untern Körper, um die anmuthi=
gen Falten ſeiner reichen Gewänder nicht zu verwiſchen;
nur den Kopf ſetzte er in eine unaufhörliche Bewegung,

10 *

damit sein Zopf recht oft an den Rücken schlug und die Aufmerksamkeit eines Kunstkenners und Geschmack=verständigen errege.

Der Correspondent stand in einem beständigen Ver=kehr mit seinen Stiefeln. Bald hatte er einen Bericht zu lesen, bald eine kleine Note niederzuschreiben, und hiezu mußte seine Fußbekleidung als Bureau dienen. Die Dinte ging ihm aus, und er bat den Obersten, ihm aus seinem Stiefel etwas vorzuschießen. Dieser freute sich, seinem ersehnten Schwager gefällig seyn zu können.

Schü=King sah diesem Vorschusse lachend zu, und sagte dann zu Tschu=Kiang: „Ihr seyd ein Gelehrter, Oberst, wie würdet ihr sonst Dinte im Stiefel tragen? Sagt mir doch gleich, wo das Vaterland dieser abscheu=lich wilden Stiere zu finden ist!‟

Dem Obersten fehlte nichts als Anerkennung. Er zupfte nicht verlegen an den Aermeln, strich sich nicht mit der Hand über die Stirn, sondern fuhr dreist mit einer Antwort heraus: „Sie wissen, Schü=King,‟ sagte er, „daß ich in frühern Jahren Reisen gemacht habe. Ich spreche nicht davon, daß ich in Su=Tscheu war. Meine Sitten verrathen es, daß ich an dem Sitz der feinsten Moden, des besten Geschmackes, der zier=lichsten Sprache und der geistreichsten Theater gewe=sen bin. Was soll man von Su=Tscheu Andres sagen, als daß ein junger Mann von gutem Ton dort gewe=sen seyn muß, um sich mit Anstand in glänzenden Zir=keln zu bewegen?‟

„Aber die Stiere?" fiel Schü-King ein.

„Ich werd' Ihnen Alles sagen, was ich weiß," entgegnete der Oberst, „und Sie werden finden, daß man nicht mehr wissen kann. Auf der Insel Haian, im Flusse Tha, traf ich schon auf eine Sorte, die mit dem vorstehenden Vieh einige Aehnlichkeit hat; aber die Milde des Klima's benimmt ihr jenen Muth, jene verwegene Tollkühnheit, die sich hier findet und mich immer —"

Der Oberst stockte, denn obschon er sonst gleich bei der Hand war, wo es Eigenlob galt, so besann er sich doch einen Moment, ob es in dieser Verbindung auch angebracht war. Schü-King benützte daher diese Pause, und ergänzte seine abgebrochene Rede mit den Worten: „Und welche Sie immer so lebhaft an Ihre eigenen Vorzüge erinnert. Aber Ihre Reisen interessiren mich, Tschu-Kiang."

Jetzt nahm der Oberst den Mund voll. „Von Ngao-Men aus," fuhr er fort, „kam ich in ein Land, was zu meiner Verwunderung noch von keinem Bürger des himmlischen Reiches gesehen worden. Welche Dinge traf ich da an! Die Ströme sind dort so reißend, daß man vergebens über sie Brücken schlägt. Man kann nur durch Schwimmen über sie wegsetzen. Bedenkt, mit welchen Anstrengungen ich Meilen weit geschwommen bin, um ein jenseitiges Ufer zu erreichen! Laßt mich von den Unthieren, von den Schildkröten und Seekrebsen, welche diese Ufer so unsicher machen, schweigen, denn ich würde Euch nur das Geringste sagen von dem, was mir noch begegnet ist.''

„Sie spannen meine Neugier, Oberst," bemerkte der Correspondent, der seine Feder hinters Ohr steckte, und wie Schü=King aufmerksam zuhörte.

„Der Reiz der Neuheit," fuhr Tschu=Kiang fort, „liegt nicht so sehr in den Erlebnissen, als in der Schilderung. Man muß dergleichen darzustellen wissen, um es anziehend zu machen. Das Land, wovon ich eben sprach, wird von dem neuen, das ich darauf betrat, durch eine Mauer getrennt, die weder von Holz noch von Backsteinen, sondern von glänzend polirtem Stahl und riesenhoch ist. Sie werden mich nach der Ursache dieses sonderbaren Ma= terials fragen, und ich bin im Stande, Ihnen dar= über befriedigende Auskunft zu geben. Weil dieses Land von den dichtesten Wäldern bedeckt ist, so kön= nen die Sonnenstrahlen es wenig erreichen. Es ließe sich deßhalb eine pechschwarze Finsterniß und eine un= ausstehliche Kälte erwarten, wenn durch jene, in schräger Richtung gebaute Stahlmauer, nicht die Son= nenstrahlen aufgefangen und durch riesenhafte Reflexe über das Land verbreitet würden. Ich bewunderte, daß die Menschen in jenem Lande schon auf diesen gescheidten Einfall gekommen waren, da ich unfehl= bar durch die Angabe einer ähnlichen Vorrichtung mir ein unsterbliches Verdienst erworben hätte. Den= noch fand ich vielfache Gelegenheit, die Einwohner durch meine Kenntnisse, durch meine scharfsinnigen

Bemerkungen und meine feinen Sitten in Erstaunen
zu setzen.‘‘

,,Warum umgehen Sie aber nur die Weiber?‘‘ fiel
Schü=King ein, ,,auf die Sie doch gewiß unvergeßliche
Eindrücke gemacht haben?‘‘

,,Ich kann nicht sagen,‘‘ antwortete der Oberst lä=
chelnd, ,,daß ich in dieser Rücksicht unglücklich gewesen
bin. Die Frauen haben in jenem Lande das auffallende
Vorrecht, bei dem Anblick einer Mannsperson, die ihnen
gefällt, sich augenblicklich öffentlich von ihrem Manne
loszusagen und dem, welcher sie bezaubert hat, die Ehe
anzutragen. Sie können sich leicht vorstellen, was bei
solchen Sitten durch mein plötzliches Erscheinen herbei=
geführt wurde. Ich war vor Liebkosungen meines Le=
bens nicht mehr sicher. Summende Bienenschwärme
von verliebten Weibern folgten mir über die Straßen,
durch die Städte und Felder. Ich versichere Sie, daß
ich niemals in diesem Grade die Uebelstände, die mit
der Schönheit verknüpft sind, empfunden habe. Es
war auch in Folge eines allgemeinen Aufruhrs, daß ich
jenes Land verließ. Kein Mann war seiner Frau mehr
sicher; die Weiber brachen mit Ungestüm aus den
Häusern, sobald ich mich nur in den Straßen blicken
ließ; alle Geschäfte und Handwerke blieben stehen, den
König hatte sein ganzer Harem im Stiche gelassen, und
ich war nahe daran, als ein Opfer der Erbitterung und
der Eifersucht zu fallen, als ich glücklicher Weise die
Gränzen dieses Landes erreicht hatte. Auf der Gränze
blieb die ganze Weiblichkeit stehen, blickte mir hände=

ringend nach, und ich schwöre Ihnen zu, daß viele vor
meinen Augen am gebrochenen Herzen starben und an=
dere sich selbst den Tod gaben. Sie hatten Recht; denn
was war ihnen das Leben ohne mich?"

„Wie verändern sich doch die Umstände," sagte
Schü=King spottend: „In jenem fabelhaften Lande lie=
fen alle Weiber Ihnen, und in Peking liefen Sie allen
Weibern nach!"

„Angebetete Schü=King," erwiderte der Oberst,
„ich berichte nur, was ich erlebt habe. Als ich das
Land der unglücklichen Liebe verlassen hatte, kam ich in
das Gebiet der sogenannten Schwanzmenschen. Ja,
sollte man wohl glauben, daß es Leute gäbe, welchen die
Natur wie den Affen hinten Schwänze ansetzte! Es
sind erstaunliche Dinge, die mir begegnet sind. Wenn
Sie erwägen, daß sich bei jenen Menschen alle Lebens=
kraft in ihren Schwänzen concentrirt, daß der Verlust
derselben für einen Unglücklichen dieser Art tödtlich ist,
so können Sie die Sorgfalt abmessen, mit welcher sie ihre
Heiligthümer behandelten. Sie trugen Futterale dar=
über, und mußten, wenn sie sich setzen wollten, immer
vorher ein Loch in die Erde graben, um ihren Schwanz
da hineinzustecken. Lesen Sie die Reisebeschreibungen
der ausgezeichnetsten Mandarinen, Sie werden nie etwas
von diesen Menschen bei ihnen antreffen. Ich kann
aber sagen, daß es sonst Leute waren von wissenschaft=
licher Bildung; sie wußten die Talente nach Würden
zu schätzen, und sie waren bald darüber einverstanden,
daß ich in meiner Heimath zu den Meistern gehörte.

Ich denke noch mit Vergnügen an die Lobsprüche, wel=
che sie meinem Styl und meiner Handschrift ertheilten.“

„Wie?“ rief der Correspondent, „diese Schwanz=
menschen redeten chinesisch?“

„Nein,“ antwortete vornehm der Oberst; „sie be=
saßen keineswegs die Sprache des Himmels. Man hat
keine Vorstellung von diesem wunderbaren Volke, wenn
man es nicht gesehen hat.“

„So reden diese Menschen also gar nicht?“ meinte
ächt chinesisch Schü = King.

Der Oberst schwamm in Entzücken, daß er um Dinge
gefragt wurde, die so gescheidten Leuten, wie er vor sich
hatte, unbekannt waren. Er sah nachlässig auf die Fra=
gen herab, maß sie mit geringschätzigen Blicken, brachte
dann seine Kleider in Ordnung, und begann nun erst
mit wichtiger Miene die verlangte Aufklärung zu geben.
„Man muß dieß gesehen haben,“ sagte er, „um dar=
über so zu sprechen, wie ich es thun werde. Die Schwanz=
menschen haben allerdings dieselben Redewerkzeuge, wie
die Chinesen, ja ich muß sogar zugeben, daß sie sich der=
selben wie wir bedienen, obschon die wenigen Worte,
die in ihren Dictionnären stehen, nicht die entfernteste
Aehnlichkeit mit der Sprache des himmlischen Reiches
haben. Wo bekommen sie also die Worte her, die ihnen
noch fehlen? Ich bin in dem Lande gewesen, ich kenne
die Schwanzmenschen wie sie sind. Es ist lächerlich zu
glauben, daß sie sich die Worte entgehen lassen, für
welche sie keine Laute haben. Behüte! Sie haben eine
andere Sprache, die in stummen Gesten besteht, und

in welcher man es zu einer seltenen Vollkommenheit
bringen kann. Ich kann mich davon selbst als Beispiel
anführen. Es ist hier nicht davon die Rede, daß man
die nothdürftigsten Wünsche und Gedanken in einigen
unbeholfenen Fingerzeigen ausspricht, daß man um
Brod zu haben, auf eine Aehre, um Fleisch zu haben,
auf einen Hammel zeigt. Nein, es gibt darin Stufen,
die zu einer unbeschreiblichen Präcision führen. Sollte
man es glauben, daß man durch Schnellen der Finger,
durch Umkehren der Hand, durch Berühren der Nasenspitze eine Rede halten kann, die von den Gebildeten
als vortrefflich beklatscht wird? Allerdings muß dieß
Alles mit einer seltenen Gewandtheit und gewissen feinen
Kunstgriffen geschehen, deren Auseinandersetzung mich
zu weit führen würde. Ich kann nur so viel sagen,
daß ich den Ruhm einer phantasiereichen und numero-
sen Diction, der mich noch nie verlassen hat, auch hier
zu behaupten wußte. Alle Welt war erstaunt. So
tiefsinnig, so gedankenreich, so blühend war noch nie
mit Fingern gespielt worden.‟

Ein Freudengeschrei unterbrach die Lügenberichte
des eitlen Gecken. Die Matadore und Picadore hatten
sich mit großen, beschlagenen Stöcken rings um das
Schlachtfeld herumgestellt, und die Stiere wurden jetzt
von entgegengesetzten Seiten losgelassen. Sobald sie
ihre Freiheit fühlten, bohrten sie mit ihren Hörnern
den Rasen auf, schlugen aus und schienen von den
stärksten Symptomen der Wuth befallen. Sie griffen
sich nicht sogleich an, sondern gingen an einander vor-

bei, betrachteten sich seitwärts; und wie ein ins Wasser
fallender Tropfen immer größere Kreise zieht, so näher=
ten sie sich immer mehr dem Mittelpunkte, den es zu
erobern oder zu erhalten galt. Wenn sie sich so gewen=
det hatten, daß sie sich gerade gegenüber standen, so
rannten sie ungestüm mit den Köpfen aneinander; die
Hörner verwickeln sich, alle Muskeln treten an den rin=
genden Thieren hervor, der Boden zittert unter ihren
Füßen, und es kracht entsetzlich, wenn sie mit ihren
felsenharten Stirnen zusammenstoßen. Hier und da
sinkt einer der Kämpfenden, die Wärter springen hinzu,
fangen den Sieger mit Seilen, ziehen ihn zurück und
retten den bedrängten Schwächern. Es kam in allen
diesen Anläufen niemals zum Aeußersten; denn diese
Stiere, so schwer aus dem Süden zu transportiren,
wollen erhalten seyn, und Tibet ist ein kirchliches Land,
das nicht nach Blut dürstet.

Diese Scene erneuerte sich zu wiederholten Malen.
Die Chinesen, die langweiligsten Geschöpfe der Welt,
werden nicht so bald durch das Einerlei einer solchen Be=
lustigung gelangweilt, sondern sie hatten Lust bis auf
den letzten Mann und den letzten Stier auszuharren,
als hätten sie Geld für ihre Sitze gezahlt.

In der ersten verschnaufenden Pause hätte der
Oberst sehr gern seine fabelhaften Reisen weitergelo=
gen; aber wie begierig auch seine beiden Zuhörer darauf
gewesen seyn mochten, so verhinderte sie doch alle am
Sprechen und Hören ein neues Geschrei, das an einer
andern Seite ausgestoßen wurde. Man lachte, klatschte

mit den Händen, und dazwischen hörte man eine laute
gellende Stimme: „Wo geht der Weg nach Peking?"
Das Getümmel kam der Loge des Correspondenten
näher, und spie endlich einen kleinen, vom Kopf bis
zum Fuß rothgekleideten Mann aus, in dessen spaßhaf=
ten Begrüßungen und auffallender Kleidung die Be=
wohner von Lassa sogleich einen Lustigmacher aus den
südlichen Provinzen erkannten. Der religiöse Norden
von Tibet muß solcher Freuden und Würzen des Lebens
entbehren, während man im Süden des Landes bei allen
theologischen Disputen, Casteiungen und Ceremonien,
noch immer einige Stunden fand, in denen man sich
gern den Spähen eines gutmüthigen alten Narren hin=
gab. Doch kannte ihn Jedermann, wenn sich ein so sel=
tener Vogel ins Hochgebirge verflogen hatte.

Der Anstand verlangte, daß der Lärm abnahm, als
sich der Ankömmling dem Sitze des Correspondenten
näherte. Die drei Inhaber dieser Loge erschracken aber
nicht wenig, als der bestäubte, unheimliche Gast unter
beständigem Ausruf: „Wo ist der Weg nach Peking?"
zu ihnen über Bänke und Barrièren sprang, und ohne
weitere Förmlichkeiten meldete, daß er Peking hier ge=
funden zu haben glaube. „Nein, mein guter Freund,"
konnte sich der Oberst doch nicht enthalten zu bemerken,
„Sie finden hier weder Peking noch Nanking. Dieser
große Stern am himmlischen Reiche, der Correspondent
des Sohnes, zeichnet sich durch seine Weisheit aus, und
man hat die Weisheit bis jetzt immer nur in Koang=
Tscheu=Fu gesucht; und was mich anbetrifft, so hoffe

ich durch mein Benehmen und meinen Anstand zu be-
weisen, daß ich in Su = Tscheu gewesen bin!"

„Der Herr Oberst sprechen die Wahrheit," fiel der
Correspondent ein; „wenn Euer Weg nach Peking geht,
so wendet Euch an jenen Mann dort zu Pferde, der sich
General der chinesischen Garnison nennt. Einen Mandarin und einen Lümmel aus Peking erkennt man schon
an dem Ungeschick, mit dem er die Theetasse hält."

„Was kümmert's mich," antwortete der Rothrock,
„daß ihr in Eurem Lande erst Reisen machen müßt,
um Verstand zu bekommen? Ich seh' an dem Staube,
der in der Blume der Mitte sitzt, daß ein Körn-
chen dem andern gleicht. Eure Kleider sind alle von
Seide, Eure Kerzen von Wachs, Eure Löffel von Horn,
und Eure Reichthümer bestehen aus Worten. Was
kümmert das mich? Ich suche einen Mann, der sich
den Correspondenten des Mittelpunktes der Erde nennt."

„An Euren gewaltthätigen, ungewogenen Worten,"
sagte der Gesuchte, „hör' ich, daß Ihr niemals die
Khnien=Meng=Tse=Tschu=Hi's, des Königs der Wissen-
schaften, gelesen habt; was wollt Ihr von mir?"

„Zieht einmal die Falten Eures Gedächtnisses auseinander!" entgegnete der grauhaarige Schalk; „wo
leben in der Welt Eure Freunde? Kann ich aus Wampu
kommen? Nein, ich bring' Euch kein Rindfleisch! Kann
ich von Luk=Tscheu kommen? Nein, ich bring' Euch keine
Zobelpelze! Kann ich vom Vorgebirge Lessep kommen?
Nein, ich habe für jene Dame, in der ich Eure Schwester erkennen möchte, weil sie, wie Ihr, auf der rechten

Seite stärker ist, keine Perlen zu Ohrringen mitgebracht,
um damit die linke Seite zu beschweren, und die Gleich=
mäßigkeit der Schönheit herzustellen. Ihr würdet mir
dieß Alles, und unter Andern meine Grobheit ver=
geben, wenn mich Euer bester Freund, der Sohn des
Himmels schickte, um Euch eine Pfauenfeder zu über=
bringen.‟

Es konnte für den Correspondenten keinen wohl=
gefälligeren Klang geben, als den Orden der Pfauen=
feder. Alle seine Gedanken hingen an diesem Symbol
der höchsten Auszeichnung. Er hatte sich schon tausend=
mal auf den Moment vorbereitet, wo ein Abgeordneter
des Kaisers vor ihn treten und seine Mütze mit dem
schönsten Schmucke zieren würde. Es war einleuchtend,
daß in dem angekommenen Fremden dieser Augenblick
noch nicht erschienen war; aber dennoch hob sich der Cor=
respondent unwillkürlich von seinem Sitze; ein scham=
haftes Roth fuhr über seine Wangen, er senkte beschei=
den das Haupt, als würd' ihm die Pfauenfeder in der
That an die Mütze gesteckt.

„Nein, so würdig Ihr jetzt schon solcher Auszeich=
nung seyn möget,‟ sagte der Kleine, „so komm' ich
doch jetzt in Angelegenheiten, die erst zu Ende gebracht
werden müßten, um Euch jene zu sichern. Ich bringe
Euch Grüße aus einer Gegend, die Ihr nie gesehen habt,
und überbringe Euch Freundschaftsversicherungen von
einem Manne, den Ihr noch besser werdet kennen ler=
nen, als Ihr ihn bereits kennt. Ich bin Dhii=Kum=

muz, und trage die Kleider, welche mein Herr, der Statthalter von Teschulumbo, ablegt.‘‘

Diese Nachricht machte auf den Correspondenten einen sehr angenehmen Eindruck. Und während er sich nun in einen Schwall von Höflichkeiten gegen den Abgeordneten eines so ehrenwerthen Mannes vergaß, fragte Schü=King den Obersten, ob auch Teschulumbo auf der Charte der von ihm besuchten Länder läge?

Tschu=Kiang war überall gewesen. ,,Es dürfte schwer fallen,‘‘ sagte er, ,,ein Land zu entdecken, das von mir nicht besucht wäre. Teschulumbo! Was soll ich nicht Teschulumbo kennen!‘‘

,,Wie sind die Menschen dort?‘‘ fragte die Angebetete, ,,haben sie nur Einen Kopf? Sitzen ihnen die Hände am Rücken? Tragen sie Kleider mit zwei Näthen? Reden Sie, Oberst, ich höre Sie gern von Ihren Erfahrungen sprechen.‘‘

,,Es liegt Alles in der Darstellung,‘‘ entgegnete der eitle Chinese; ,,die Frauen besitzen in jenem Lande eine kolossale Leibesbeschaffenheit, während die Männer sich durch ihre unbedeutende, schwächliche Statur auszeichnen.‘‘

,,Wahr gesprochen,‘‘ fiel Dhii=Kummuz ein, der mit dem Correspondenten in vertraulichen Unterhandlungen begriffen war, aber doch zuweilen sein Ohr für die neben ihm geführten Gespräche hinhielt. ,,Daher rühren auch in unserem Lande die unehelichen Mißverhältnisse. Die starken Weiber haben an ihren Män-

nern noch lieber, daß sie einige Schwächen besitzen, als
daß sie schwach sind.‘‘

„Nun, Schü=King, können Sie sich denken,‘‘ fuhr
der Oberst fort, „welche Triumphe ich in Teschulumbo
gefeiert habe.‘‘

„Ich hörte einmal von ihrem Stallmeister,‘‘ sagte
Schü=King, „daß Sie einst eine Prinzessin vom Tode
errettet, und sich dann tödtlich in sie verliebt haben.
War das in jenem Lande?‘‘

„Dieß Ereigniß hat einen Schein von Wahrheit,
doch sind die Verhältnisse anders,‘‘ antwortete der vor=
sichtige Liebhaber, der bald durch seine Rodomontaden
Schü=Kings Gunst verscherzen konnte. „Nein, ich
betete alle an, und daher im Grunde keine.‘‘

„Es gibt eine Leidenschaft mit untergeschlagenen
Beinen,‘‘ ergänzte Dhii=Kummuz, der rothe Schalk
von Teschulumbo.

„Was Ihr mir da für Dinge erzählt!‘‘ rief Schü=
King unwillig. „Ich will von den Merkwürdigkeiten,
die Euch aufgestoßen sind, hören; von Affen, die ihre
Schwänze am Kopfe haben; von Bäumen, die dreier=
lei Früchte tragen; von Mauleseln, die sich selbst be=
gatten. Tschu=Kiang, Ihr seyd ein starker, tapferer
Held, aber wenn es in einem Lande Frauen gibt, so
habt Ihr für Alles den Kopf verloren.‘‘

„Einem Löwen, der sich verliebt, hängt man leicht
eine Schelle ins Maul,‘‘ sagte Dhii=Kummuz, und un=
terbrach damit den Obersten, der sich eben anschickte,
mit einigen extravaganten Unwahrscheinlichkeiten die

Neu=

Neugierde der gelangweilten Dame zu befriedigen.
Die Verhandlungen des Correspondenten mit dem Bo=
ten des Statthalters waren zu wichtig, als daß sie hier
unter freiem Himmel weiter fortgeführt werden durf=
ten. Die Gesellschaft brach daher noch vor Beendi=
gung des Stiergefechtes auf, und Dhii=Kummuz be=
gleitete sie.

In der Wohnung des Correspondenten angekom=
men, übernahm es der Oberst, den Gegenstand seiner
Anbetung durch improvisirte Länder= und Völker=Kunde
zu unterhalten, während Leang=Kao=Tschu mit seinem
wichtigen Gastfreunde in ein abgelegenes Zimmer sich
begeben, und ihre Unterhandlungen zu Ende pflogen.

„Ich wiederhole dir,“ begann der Correspondent,
„daß meine Absichten den Planen deines Herrn in die
Hände arbeiten.“

„Das Interesse schließt die Freundschaften,“ be=
merkte Dhii=Kummuz.

„Nein, mein Alter,“ fiel jener ein, „ich fühle
Hochachtung für den Statthalter, und schätze die Ein=
sichten, die ihn meinen Werth erkennen ließen. Mein
großer Lehrer Yong=Tschu sagte aber schon: Willst du
rasch fahren, so halte deinen Pferden ein Brod vor;
willst du schneller, so halte ihnen zwei, und willst du
aus zehn Stunden eine machen, so gib dem einen die
Aussicht auf Heu, dem andern auf Hafer.“

Solche Redensarten fielen in Dhii=Kummuz Hand=
werk, und er sagte deßhalb: „Das sind Worte der Weis=
heit. Man erkennt in Euch den Lebensphilosophen.“

„Ich versichere dich, alter Kauz,“ fuhr der Lebens=
philosoph fort, „daß meine Weisheit noch von meiner
Vorsicht übertroffen wird. Ich habe ein sehr feines
Auge für falsch gewobene Rathschläge, und sehe es schon
am Rollen der Würfel, ohne sie zu berechnen, ob sie
falsch sind.“

„Der Statthalter besitzt sehr viel kluge Leute in
seiner Umgebung,“ sagte der Abgeordnete; „was ich
zuerst zu ihm sprach, ist ihm von diesen Allen bestätiget
worden. Ich sagte: unser Freund und Gönner, der
chinesische Correspondent in Lassa, kann durch unsere
Aufrichtigkeit vielleicht gewinnen, und sollt' es nur die
Pfauenfeder seyn; durch unsere Treulosigkeit wird er
aber nichts verlieren. Darum rath' ich zur Ehrlichkeit.
Und diesen Rath hat man befolgt. Das sind die schlau=
sten Füchse, die ihre Gruben mit zwei Eingängen ver=
sehen. Ihr gehört zu ihnen.“

„Ich bin ein Sohn des Mittelpunktes der Erde,“
erwiderte der Correspondent; „ich kenne die feindseli=
gen Absichten, welche die herumgezogenen Kreise gegen
ihr himmlisches Centrum beseelen. Die Bosheit der
Tibetaner gegen ihre großmüthigen Beschützer zeigt sich
in Spuren, die nie vernarben, weil sie durch frische
immer wieder ersetzt werden. Was wir als Gnade euch
schenken, das nehmt ihr wie ein Joch, welches euch
aufgedrungen wird. In meinen tibetanischen Zustän=
den, die einen fortlaufenden Artikel der Pekinger Hof=
zeitung bilden, hab' ich alle diese Elemente auseinander=
gesetzt, die China bei euch zu beobachten, damit ich

nicht sage, zu fürchten hat. Leſet jene Muſter publici=
ſtiſcher Ausführungen, und ihr werdet ſehen, daß ihr
in mir keinen Mann trefft, der ſich in Dinge einließe,
ohne zu wiſſen, wen ſie alles intereſſiren. Auf wen
darf der Statthalter rechnen? Wer leitet in Laſſa die
Gemüther, die ihm zugewandt ſind?"

„Wo denkſt du hin, Weiſeſter?" rief der ſchlaue
Dhii=Kummuz; „welcher Kaufmann wird dir einen
Mantel verhandeln und dir die Löcher zeigen, die er
heimlich zugeflickt hat? Aber noch mehr, wird er Dem
einen alten Rock für einen neuen verkaufen, von dem er
weiß, daß er ſo gut wie er ein Schneider iſt? Nein,
einem ſo alten Fuchs den Pelz abzugewinnen dürfte den
Hühnern wohl ſchwer fallen. Laſſa iſt Laſſa, und
Teſchulumbo Teſchulumbo. Der Statthalter drückt hier
Niemandem die Hand, als dir und denen, die ihm von
dir empfohlen werden."

„Darin iſt kein Arg," ſagte befriedigt der Corre=
ſpondent. „Nun ich weiß, worauf ich mich verlaſſen
darf, werd' auch ich mit dem nicht zurückhalten, was
dein Herr von mir zu erwarten hat. Aber ich ſeh' es
dir grauköpfigem Schelm an, daß du in den Schuh=
ſohlen, unter deinem Mützendeckel, auf dem Rücken,
oder ſonſt wo noch Briefſchaften verſteckſt haſt, die an
einen Mann gerichtet ſind, den einige unglückliche
Menſchen für höher halten als mich, ohne zu wiſſen,
daß ſie damit einen gelinden Grad des Hochverraths
begehen, und es wenigſtens durch zehnjährige Gefäng=
nißſtrafe und Abbitte vor dem Bilde des Kaiſers büßen

müssen; an einen Mann, der, wenn man ihm zehn
Fragen aus Lao=Tse vorlegt, nicht eine beantworten
kann; an einen Mann, der seine Weisheit in seinen
Sporen zu sitzen hat, und sie Niemanden einprägen
kann, als einem alten Gaul, den er obenein noch schlecht
reitet; an einen Mann, was sag' ich? — ist es denn
ein Mann? Die Weiber sind ihm alle aus seinem Ha=
rem entsprungen. Einen Mann? Was nennt er denn
einen Mann? Ja, und wo blieb ich denn stehen? So
oft ich an einen Esel denke, fangen mir selbst die Ohren
an zu wachsen.''

Wir wissen, daß der Correspondent von Ming=Ta=
Lao, dem General und Mandarinen der fünften Classe,
spricht. Wie er selbst sagte, der Gedanke an diesen
Mann konnte ihn um seine eigenen bringen.

Als aber Dhii=Kummuz den Namen des Mannes,
um den es sich handelte, erfahren hatte, sagte er:
,,Von wem sprichst du? Ming=Ta=Lao? Nennt sich so
in Lassa vielleicht eine Blattlaus? Soll dieser Hund
erst geboren werden, oder fallen ihm schon die Haare
aus? Oder heißt vielleicht ein Zwitter so, der des
Nachts den alten Weibern die Betten wärmen muß?''

,,Vortrefflich, mein Freund,'' rief die Hände zu=
sammenklatschend, der entzückte Correspondent. ,,Du
schilderst jenen Unwürdigen in lebensgroßen Zügen.
Du kennst ihn, und kannst ihn doch nicht aufsuchen
wollen; denn der Weise spricht: Die Dummen pflegen
sich zwar oft der Klugen zu bedienen, aber die Klugen
können die Dummen nie zu etwas brauchen. Wische

dir aber jetzt dein Ohr rein, damit du meine Rath=
schläge vernimmst! Wenn auch das Ei selten klüger ist
als die Henne, so findet es sich doch oft, daß es brauch=
barer ist, als die zähe Mutter, die es legte. Mein
guter Freund, ich bin mit dem Henkel an einem Topfe
zufrieden, und nenne den Deckel eine Anmaßung. Je=
nes Unwesen, das sich hier den General der chinesischen,
für mich bestellten Ehrengarde nennt, und zwar um so
leichter, als er es in der That ist, ist auch für uns un=
wesentlich. Wir bedürfen dieses Menschen nicht. Aber
sein Regiment hat allerdings einen Ehrenplatz, wie vor
meiner Thür, so jetzt in meinen Absichten. Der Oberst
desselben wird für uns die Stelle des Generals vertre=
ten. Ich werde von demselben tapfern Degen, wel=
chen du vorhin —"

Ein Klopfen an der Thür unterbrach den Correspon=
denten.

"Der Herr Oberst Tschu=Kiang," hieß es im
Munde eines Dieners, der den Kopf halb zur Thür
herein steckte, "sind plötzlich von so heftigen Ohnmach=
ten befallen worden, daß Fräulein Tschü=King augen=
blicklich befohlen haben, ihn nach Hause zu bringen."

"So, so," brummte der zukünftige Schwager,
der den geschnürten Obersten eben als einen löwenarti=
gen Helden schildern wollte, und das ironische Lächeln
des Dhli=Kummuz wohl bemerkte. "Ich kann die
Versicherung geben, daß der Oberst trotz seiner Ohn=
machten ein Ehrenmann ist. Die Truppen lieben ihn
seiner Leutseligkeit wegen, und würden jedem Befehle

Folge leisten, den er mit Energie zu geben weiß. Kömmt
es auch nicht zum offenen Kampfe, so erlangen wir
durch unsere Truppen doch, daß die kalmückischen Rei=
ter in Schach gehalten werden. Das Ding mit der
Ohnmacht ist doch sehr verdrießlich. Wir müssen uns
morgen weiter besprechen. Du sollst in meinem Hause
wohl aufgenommen seyn.''

Dem Dhii=Kummuz kam die Einladung nicht ge=
legen. ,,Wollt ihr mir meinen Mantel bezahlen, wenn
er mir in der Herberge gestohlen wird?'' fragte er.
,,Ich kann in Eurem Hause nicht wohnen, weil Ihr mich
zu großmüthig behandeln werdet. Ihr werdet mich auf
seidene Kissen betten, und ich habe sehr viele Vorliebe
für einfaches Stroh. Außerdem ist Euer Haus klein,
und den Harem hat man von allen Seiten in der Nähe.
Einen Tibetaner, einen Gläubigen, der die herum=
schweifende Liebe für die wahre Liebe hält, müßt Ihr
von dem Ort der Verführung entfernen, selbst wenn er
auf dem Kopfe schon verschimmelt ist. Ich gehe in die
Herberge.''

Der Correspondent wollte das nicht zugeben, und
erklärte offen: ,,Ich lasse dich, so lange du in Lassa bist,
nicht aus meinen Augen. Ich muß die Gewißheit dei=
ner Ehrlichkeit haben, die du mir erst dann gibst, wenn
du hier Niemanden als mich kennst.''

Dhii=Kummuz mußte nachgeben, um jedem Ver=
dachte auszuweichen. Als er dem Correspondenten in
das für ihn bestimmte Gemach folgte, schnitt er hinter
dem Zopf seines Wirthes ein sehr saures, böses Gesicht.

Wie geräumig und wohnlich das Zimmer war, in welches der Correspondent seinen Gast führte, so wenig schien doch dieser Lust zu haben, die Anweisung desselben zu acceptiren. Als Dhii-Kummuz mit dem grünen Schimmer, welcher durch eine Taftlaterne von dieser Farbe im Gemach verbreitet wurde, allein war, bog er die aus Meermuscheln bestehenden Fenster zurück, maß die Entfernung derselben vom Fußboden, die nicht bedeutend war, und warf in den dunkeln Hof seine spähenden Blicke. Nur in einem abgelegenen Hinterhause brannten noch einige Lichter; es war der Harem des Correspondenten.

„Kann ein Bekenner des großen Lama," sprach Dhii-Kummuz zu sich selbst, „in dem Hause eines Mannes Wohnung machen, der die Rolle eines Weibes spielt? Welch lästerliches Volk, das chinesische! Diese Menschen machen ihre Männer zur Jagd für ihre Frauen. Ich besitze sehr viel Anhänglichkeit an meine Berge, und behaupte, daß meine Frau, die vier Männern neben sich im Bett einen Platz einräumt, sich selbst und diese Vierzahl auf das trefflichste bedient, daß aber vier Frauen auf einen Mann nur des letztern Untergang seyn können."

Durch eine Halle, die zum Hofe führte, ließen sich Fußtritte vernehmen. Der Hof wurde hell. Der Chinese ging in seinen Harem, von Bedienten begleitet, welche Fackeln vor ihm hertrugen. Auch zur Begattung bedurfte er seines Pompes, auf welchen er, nach der Lehre der Weisen, allen Werth legte.

Selbst, wenn Dhii-Kummuz ein weniger feines
Ohr gehabt hätte, so würde er den Aufruhr gehört
haben, welcher bei Ankunft des Weiberdespoten in dem
Bereich seiner Sklavinnen ausbrach. Tausend Stimmen schienen lebendig zu werden. Die Jungen zwit-
scherten, die Alten belferten, die Aufseher fuhren mit
Schimpfreden und dem Stocke darunter. Dann lach-
ten die Einen, die Andern heulten und riefen den Schutz
ihres gemeinschaftlichen Ehemannes an, oder bedeckten
ihn mit Vorwürfen. Hier ruft man nach Limonen,
dort quält man um einen neuen Shawl, die Eine will
Rosinen, die Andere Stecknadeln; die letzte nennt den
Correspondenten Herzvätterchen, indem sie seine Taschen
untersucht, und als sie diese leer findet, verwünscht sie
ihn als einen alten Papa, dem man den Zopf abschnei-
den müsse. Und ihn selbst den Vielgeliebten, wer
konnte ihn verkennen, an den zärtlichen Verkleinerungs-
wörtern: mein Töchterchen, mein Schneckchen, mein
Himmelchen! und an den moralischen Sentenzen, welche
er aus allen Philosophen citirte, um damit seine süßen
Artigkeiten zu würzen. Endlich nahm der Lärm ab.
Der Haushahn schien seine Wahl getroffen zu haben.
Alles wurde still.

Dhii-Kummuz hielt es jetzt für die angemessenste
Zeit, sich aus der Wohnung des Correspondenten zu
stehlen. Ein herzhafter Sprung aus dem Fenster
brachte ihn in den Hof, den er mit leisen Tritten durch-
schritt. Am untern Ende führte ein Säulengang zu
Nebengebäuden, die von einer hohen Mauer begränzt

wurden. Die daneben aufgesteckten Pallisaden erleich=
terten es dem Boten von Teschulumbo, die Mauer zu
überschreiten.

Wir sind in Lassa schon so orientirt, daß wir troß
der Dunkelheit die Richtung angeben können, welche
Dhii=Kummuz einschlug. Er suchte den Palast des
Lama auf, und war darin, obschon Fremdling, so be=
wandert, daß er sich weder durch die Unsicherheit bei
der Wahl der Scheidewege, noch durch das Bellen der
herumstreifenden großen Wachthunde, von dem richti=
gen Pfade abbringen ließ. Zuletzt war ein fernes Licht
in den Hintergebäuden des Palastes der göttlichen Re=
gentschaft sein Führer. Er stand vor einem Fenster,
trat auf den Stein, welcher unter ihm lag, und sah
durch das ölgetränkte Papier, welches die Stellen un=
serer Glasscheiben vertritt, in das Innere einer matt
erleuchteten Wohnung.

Es befanden sich drei Personen in dem Zimmer und
bildeten eine stumme Gruppe, wenn man die zuweilen
anschlagenden Töne einer Guitarre nicht hören wollte.
Dieß Instrument lag in dem Schoße eines Mädchens,
dessen Schönheit mit der Trauer, die aus seinen Mie=
nen sprach, einen wehmüthigen Contrast bildete. Sie
hielt das dunkellockige Haupt in dem weißen Lilienarm,
den sie auf einen steinernen Altar setzte. In einen sol=
chen trüben Schleier kann sich die Anmuth nur hüllen,
wenn durch die geheimen Flügelthüren der Seele ein
scharfer, eisiger Zugwind weht.

Zu den Füßen des jungen Weibes saß auf dem glat=

ten Fußboden ein greiser Alter, um dessen Scheitel,
wie eines Trauernden, das Haar in langen Schnee=
strömen fluthete. Er verwandte kein Auge von seinen
geschäftigen Händen, die mit einem wahnsinnigen Eifer
an kleinen Figuren arbeiteten, von denen schon ein gro=
ßer Theil fertig vor ihm aufgepflanzt stand. Nur zu=
weilen hielt er den halbvollendeten Kloß, den er gerade
unter dem Messer hatte, mit der linken Hand in die
Höhe, betrachtete ihn von allen Seiten, und schien das
Ebenmaß durch die Prospective der Fernsicht zu prüfen;
dann verzog sich seine Miene in ein freundliches Lächeln,
das ihn aber nur unwillkürlich zu überfliegen schien,
weil er, so wie er sich darauf ertappte, wieder die jäm=
merlichsten Gesichter schnitt, und in seiner Arbeit mit
derselben Angst und Bedächtigkeit fortfuhr.

Im Hintergrunde des Gemachs lag auf einem Ruhe=
bette eine männliche, in einen weiten Mantel gehüllte
Gestalt, welche stumm in die geheimnißvolle Scene sah,
und abwechselnd ihre Blicke auf dem Mädchen oder am
Fenster ruhen ließ, als erwartete sie einen Besuch. Die=
ser war auch in Dhii=Kummuz unstreitig eingetroffen;
denn nach einem leisen Klopfen sprang der dritte auf,
und begrüßte den Ankommenden durch das Fenster.
Dhii=Kummuz wünschte vor der Thür eine Fortsetzung
der Bewillkommnung, weil er die Umgebung dieses ab=
gelegenen Häuschens für verdächtig hielt. Der Scha=
man (denn dieser war der Heraustretende) wunderte sich
über diese Aeußerung seines alten Freundes, konnte
aber nicht läugnen, ein Flüstern hinter den Wänden ge=

hört zu haben, das er bei so tiefer Windstille doch un=
möglich für das Schrillen des Zugwindes halten konnte.
Die beiden Freunde gaben sich aber bald darüber zu=
frieden, weil ihnen die Freude des Wiedersehens nicht
Zeit zu Untersuchungen ließ, und den Boten aus Te=
schulumbo ohnehin die Kürze der Nacht drängte, in
den Mittheilungen, die er dem Schamanen zu ma=
chen hatte, kurz zu seyn.

„Dein Brief,“ sagte Dhii=Kummuz, indem sie
sich allmählich von der Wohnung des Schamanen ent=
fernten, „hat mich in Erstaunen versetzt, aber zugleich
auch so sehr erfreut, daß ich den ehrgeizigen Planen des
Statthalters gern die Hand bot, und gegen den Cor=
respondenten wenigstens zur Hälfte ehrlich seyn werde.
Ich habe daraus zwar wieder gelernt, daß die Freund=
schaft uns besser macht, aber ich fürchte, man wird uns
desto ärger mitspielen, je aufrichtiger wir sind.“

„Worauf du dich immer allein verlassen willst,“
antwortete der Schaman, „deine Afterphilosophie des
Trugs hat im Grunde nur dich betrogen; denn bist
du bei all deinen scharfsinnigen Planen und verschlage=
nen Gedanken mehr geworden als ein Narr? Du be=
findest dich vielleicht wohl dabei, aber weil du nun
schon seit Jahren nichts mehr getragen hast, als rothe
Kleider, so haben deine Sinne einen ganz verkehr=
ten Gang genommen. Du scheinst zu verlangen,
daß wir Narren sind, aus dem Grunde, weil du
die Hosen dazu trägst! Was gefällt dir an meinen
Rathschlägen nicht?“

„Wenn ich einen schwarzen Rock weiß nenne," sagte Dhii=Kummuz, „und es darauf wieder läugne, daß er weiß ist, so kann er so viel Farben haben, als ein Chinese deren am Leibe trägt, nur nicht schwarz. Nein, mein Freund, aus zwei Widersprüchen wirst du niemals etwas schaffen, am wenigsten das, worauf du die Fäden ausspanntest. Vergiß jedoch nicht, daß ich nur prophezeyen will. Meine Dienste stehen für dich überall in Bereitschaft, und deine Schuld ist es, wenn sie dir nichts nützen.

Dhii=Kummuz schwieg, und nach einer Pause nahm der Schaman das Wort: „Ich kenne das Mißliche die=ser Angelegenheit," sagte er; „aber weil wir auf so viele Nummern setzen, so ist es über allen Zweifel ge= wiß, daß wenigstens eine nicht fehl schlägt. Wir be= fördern einen schlechten Plan, um einem bessern da= durch Vorschub zu leisten. Wir geben zu, daß der Eine auf das Unglück des Andern sinnt, und führen die un= glücklichste Katastrophe herbei, um sie alle zu beglücken."

„Du willst jedem Etwas nehmen," entgegnete Dhii=Kummuz, „und sie alle zufriedenstellen. Gegen diese Maxime kann der nichts einwenden, welcher die Ereignisse beobachtet hat; aber du mußt deine Men= schen kennen, ob sie die Geschenke aus deiner Hand nehmen, und die ihrigen zum Dank dafür hineinlegen werden."

„Was glaubst du von deinem Bruder, unserm Hoch= heiligsten? Wann waren deine Gedanken die Seinigen? Wann hat die Schwäche eines Menschen auf die Kraft=

loſigkeit eines Gottes ſpeculirt? — Ach, du Guter, wie
kannſt du deine Wünſche einem himmliſchen Weſen un=
terſchieben, weil du glaubſt, es ſey in ſeinem eignen
Willen nicht entſchloſſen! Du willſt die Sehnſucht eines
Allmächtigen erfüllen, und Wünſche befriedigen, die er
ſich gleichſam ſelbſt nicht zu geſtehen wagt. Man ſieht,
daß du der Tage nie vergeſſen kannſt, wo du Maha
Guru um Fleiſch betrogſt, oder ihn mit Schlägen
bewillkommneteſt, wenn er deine Tauben zu füttern
vergaß.''

Die Zumuthung ſolcher Frevel mußte für den from=
men Schamanen ſchrecklich ſeyn. Er hielt dem Spre=
cher die Hand vor den Mund und rief erſchrocken aus:
,,Sprich in meiner Nähe nicht ſolche Läſterung! Bleibt
uns denn mehr übrig, als die Rathſchlüſſe des Him=
mels zu erforſchen? Ich will dem Höchſten einen Dienſt
erweiſen, den er ſich ſelbſt leiſten könnte, wenn er an
den Opfern der Liebe nicht Wohlgefallen hätte. Iſt
die Frucht unſrer Anſtrengungen reif, ſo mag er ſie bre=
chen, oder ſie mit dem Stamme in den Pfuhl der ewi=
gen Strafe werfen.''

Darauf folgte dann eine genauere Beſprechung der
im Werke befindlichen Umtriebe, die auf den ſonder=
barſten Plan hinausliefen.

In dem Leben des Dalai Lama ſtreift das Göttliche
ſehr oft an das Menſchliche. Wir haben früher geſe=
hen, wie die Wahl und die Erziehung des künftigen
Herrn des Himmels mit Machinationen und Intriguen
jeder Art verknüpft ſeyn kann, und es wird nicht auf=

fallend erscheinen, daß namentlich die Priester weit we=
niger von der wahrhaften Göttlichkeit ihres Zöglings
durchdrungen sind, als der gemeine Haufe der Laien.
Der Clerus sieht den Gott in Windeln, im Pohlrock,
er corrigirt die Sprachfehler, die er machte, ruft den
Schneider, der ihm Maß nehmen muß, und sorgt da=
für, daß seine Schuhe stets zu rechter Zeit besohlt wer=
den. In den Antichambres ist von jeher die wahre
Größe der Helden nicht gesehen worden. Hier schrumpf=
ten sie zusammen zu den ordinärsten Menschen, und
selbst von den christlichen Priestern wissen wir ja, daß
sie von ihrem Gott ganz andere Geheimnisse erzählen
können, als wir dummen Exoteriker in den Büchern
lesen. Um wie viel mehr ist der Dalai Lama den Ver=
wechselungen seiner Würde ausgesetzt; er, den ein Ober=
priester alle Tage aus= und ankleiden muß! daher ist
es allein erklärlich, wenn in dem Kopfe eines ehrgeizi=
gen Beamten der Kirche der Gedanke entstehen konnte,
den gegenwärtigen Schöpfer der Welt von seinem ewi=
gen Throne zu stoßen, sich für die wahrhafte Incar=
nation der Ewigkeit auszugeben, und einen Plan zu
offner Empörung einzuleiten. Dieser Geistliche war
der Statthalter von Teschulumbo.

Der chinesische Correspondent setzte alles an die
Pfauenfeder. Er kannte die Politik des Cabinets von
St. Peking, und verstand auf das vollkommenste die Ab=
sichten, welche der Sohn des Himmels schon seit einem
Jahrhundert mit dem Lande Tibet hegt. Es fehlte die=
sem nur an einer Gelegenheit, das über Tibet ausge=

legte Netz anzuziehen, und als eine willkommene Beute
dem Mittelpunkt der Erde einzuverleiben. Dieß war
der Grund, warum sich der Correspondent auf die
Plane des Statthalters einließ; denn entweder gelang
es, den Thron des Himmels in dem Augenblicke, da
sein Besitzer dafür kämpfte, für China in Beschlag zu
nehmen, oder sich dem siegreichen Usurpator so sehr zu
verbinden, daß er die ihm gewordene Hülfe nur mit einer
an völlige Unterwerfung gränzenden Erkenntlichkeit erwidern konnte. Solche geschickte Machinationen mußten aber dem Correspondenten von seinen Behörden reich-
lich belohnt werden.

Die Verrätherei des Chinesen mußte für den Statthalter von Teschulumbo in so weit erwiesen seyn, als
dieser aus der Revolution Nutzen zog, der sich gleich
blieb, gleichviel, ob sie fehlschlug oder wenn sie gelang.
Dhii=Kummuz war ein schlauer Kopf, der im Durch=
schauen von Betrügereien ein geübtes Auge hatte. Wie
gern er auch seinem Herrn folgte, selbst um eine ver=
rätherische Handlung zu unterstützen, so suchte er doch
den Antheil, welchen der Chinese an den künftigen Er=
folgen haben wollte, so ungewiß als möglich zu machen;
wie sehr mußte er aber erstaunen, als auch der Scha=
man, der leibliche Bruder des Dalai Lama, in die Reihe
der Verschwörer trat, an die Absichten des Statthalters
und den Sturz des Regenten Interessen knüpfend, die
selbst für das Land der Sonderbarkeiten, für Tibet,
auffallend waren! Er wollte Maha Guru den Don=
nerkeil und die Blitze seiner Allmacht entreißen, ihn

auf seine Schultern nehmen, und den Menschen wieder
zurückgeben. War dieß die Handlung eines Atheisten?
Der Unglaube wurzelt immer in dem Egoismus, und
das persönliche Interesse bestimmte den Schamanen zu
dem gewagten Schritt, den er vorbereitete.

Gylluspa war der Preis, um den ein Frevler den
Himmel erstürmen wollte. Den Besitz eines Weibes
schätzte der Schaman höher als die Verwandtschaft mit
dem Weltenschöpfer. Er gab den Blick in alle Sterne
des Firmamentes für das Auge einer Angebeteten. Gyl-
lluspa aber, welche durch den Anblick ihres Gottes nur
heftiger daran erinnert wurde, mit wie heißer, sterblicher, menschlicher Liebe sie ihn umfing, würde niemals
den Wünschen seines Bruders Gehör gegeben haben,
ohne Maha Guru zu besitzen. Sie war zwar nicht in
der Lage, wie die Europäerin, den minder Bevorzug-
ten als einen Vermessenen mit etwas gemachtem Pathos
zurückzuweisen; aber diese kleine tibetanische Prüderie
wollen wir an ihr entschuldigen, daß sie dem Schamanen erst dann einen Finger ihrer Hand geben wollte,
wenn sie auch Maha Guru zu den Abwechslungen ihres
Ehebettes zählen konnte. Was blieb dem Schamanen
übrig? Er mußte seinem Bruder das Scepter der Welt-
regierung entreißen, ihn in eine irdische Hütte führen,
den Glanz der Gottheit von ihm streifen, und ihn in
jener menschlichen Nacktheit zeigen, die unter andern
auch das Zeugniß seiner Heirathsberechtigung enthalten
wird. Erst dann konnte er der Umarmungen Gylluspa's gewiß seyn, wenn ihm Maha Guru darin voran-
ge-

gegangen war. Wir berichten eine Geschichte, die sich weder an der Themse, noch an der Newa, sondern in Tibet zugetragen hat. Eine legitime Hahnreischaft ist das mittelasiatische Duell, und die Entsagung der Europäer würde in Tibet verlacht werden.

Während Dhii=Kummuz und der Schaman noch in vertrautem Gespräch auf= und abgingen, wiederholten sich jene verdächtigen Zeichen eines irgendwo gestellten Hinterhaltes, dessen Absicht sich wohl errathen ließ. Als jetzt in der Ferne Feuergewehre durch die Nacht blitzten, blieb ihnen kein Zweifel mehr, daß es auf einen Ueberfall der friedlichen Wohnung, welche Hali= Jong und seine Tochter beherbergte, abgesehen war. Der Schaman stürzte auf den Eingang zurück, den er aber schon besetzt fand. Wie er im Innern des Hauses Gylluspa's Hülferuf hörte, suchte er sich durch die Schergen der priesterlichen Gewalt den Weg zu bahnen; aber die chinesischen Soldaten, welche sich an ihren Zöpfen sogleich erkennen ließen, und von einigen Mönchen angefeuert wurden, fielen über ihn her, und nahmen ihn fest. Dhii=Kummuz traf dasselbe Schicksal.

Diese Scene machte Lärm. Die Chinesen müssen sich ohnedieß durch übermäßiges Geschrei erst zur Ta= pferkeit begeistern, und die Vorschriften der anführen= den Priester, die das geräuschloseste Verfahren be= zweckten, waren bald überschritten. Die im Palast des Lama aufgestellten Wachen mußten aufmerksam werden, und in demselben Augenblicke, da Hali=Jong

mit seiner weinenden Tochter gefesselt aus dem Hause
geführt wurde, kam ein Piket kalmückischer Reiterei
herbeigesprengt, um diese nächtlichen Ruhestörungen
zu untersuchen und sie beizulegen.

Der Schaman wandte sich sogleich an den An-
führer dieses Trupps: „Du treuer Sohn des Höchsten!" rief er, „dein Muth muß ein Verbrechen deines unwachsamen Auges wieder gut machen. Welche
Dinge geschehen in dem Palaste der ewigen Gnade?
Gib mir dein Schwert, daß sich der Bruder des Lama
aus den Händen der unreinen Fremdlinge rette!"

Der Befehl des Anführers verschaffte dem Schamanen und Dhii-Kummuz augenblickliche Befreiung;
als sie aber jene auch für Hali-Jong und seine Tochter verlangten, trat der Ketzerrichter der schwarzen
Gylongs hervor und schrie mit kreischender Stimme:
„Ihr unreinen Blattläuse auf dem Baume des Lebens, wage Niemand der ewigen Gerechtigkeit in den
Arm zu fallen! Sind eure Pallasche so weise, daß
sie künftighin das wahre Dogma von den sectireri-
schen Neuerungen unterscheiden sollen? Ich rathe euch,
euren Degenscheiden die Klingen und der Kirche ihre
Ketzer zu lassen!"

Die erneuerten Versuche des Schamanen, dem
dumpfheulenden, wahnsinnigen Hali-Jong die Freiheit
zu verschaffen, fruchteten nichts; denn der geister-
bleiche Großinquisitor hob seinen Knochenarm so hoch,
wie seine Stimme, und begleitete mit den furchtbar-

ften Geften diefe Worte: „Gegen die Löwen wollen
die Waffermäufe zu Felde ziehen? Ihr müßt noch
nie gehört haben, welche Stufe in der Ordnung des
Himmelreichs die fchwarzen Gylongs einnehmen. Als
die Welt gefchaffen wurde, und fich der große Werk=
meifter von feiner Arbeit eine Stunde ausruhen wollte,
da übergab er Gya, feinem oberften Engel, das an=
gefangene Werk zur Hut, und Gya ift der Stamm=
vater der fchwarzen Gylongs. Unfre Arme können
fich in Schlangen verwandeln, unfre Zunge gleicht
dem Stachel einer Viper, und mit den Augen ver=
mögen wir zu tödten, wie der Bafilisk; warum feyd
ihr fo lüftern, uns in flammenden Zorn zu verfetzen?
Ja, ihr kalmückifchen Cavalleriften, unter den dreißig=
taufend Königreichen der Erde waren eure unfrucht=
baren Steppen von Gott die verfluchteften. Kein
Halm wehte in eurem Lande, kein Vogel flog durch
eure verpeftete Luft, kein Quell riefelte aus euren
Bergen, ehe ihr euch zu dem großen Gott wandtet,
der mit feinem Haupte an die Sterne reicht, und
mit feinem Fuße einen Büchfenfchuß weit von hier
wurzelt. Seit ihr auf dem Wege, von ihm jetzt
wieder abzufallen? Haben eure Vettern daheim die
Götzen zerfchlagen? Habt ihr den Ganges=Sand in eure
unheilige Fläche vergoffen? Was feyd ihr in die Par=
tei eines Sectirers übergetreten, der die Heiligen an
ihren Nafen beleidigte, und ihren Oberlippen nach
eigener Erfindung eine ketzerifche Verlängerung an=
bildete? Weicht zurück, Cavalleriften, oder eure See=

len werden einſt vergeblich einen leeren Siß finden,
in den ſie hineinfahren könnten."

Schon bei den erſten Worten dieſer impoſanten
Anrede waren die Kalmücken von ihren Pferden ge=
ſprungen und in ein ſo lautes Geheul ausgebrochen,
daß die Zureden des Schamanen nichts mehr fruch=
teten, und Hali=Jong ungehindert von den geiſtlichen
Vätern und ihren Helfern abgeführt wurde. Gyl=
luspa war nicht zu vermögen, ſich von dem unglück=
lichen alten Manne zu trennen.

Dhii=Kummuz hatte ſich längſt entfernt. Es mußte
ihm Alles daran gelegen ſeyn, von den Chineſen nicht
erkannt zu werden. Er kehrte ungehindert auf dem
Wege, wie er das Haus des Correſpondenten verlaſſen
hatte, wieder in daſſelbe zurück. Er hätte nur von
Einem Weſen bemerkt werden können, von der Schwe=
ſter ſeines Wirthes. Schü=King war ein ſtarkes Weib,
aber im Kampf mit männlicher Schönheit konnte ſie
auf Augenblicke unterliegen. Wir können es, ihrem
Charakter vertrauend, auf das beſtimmteſte voraus=
ſagen, daß die beim Anblick Maha Guru's in ihr auf=
lodernde Leidenſchaft einer baldigen Einſicht weichen
wird; aber noch befand ſie ſich in dem ſüßen Traum
der Erinnerung an jenen göttlichen Jüngling, den ſie
im Zorne noch reizender fand, als in dem ruhigen Ge=
nuſſe der ihm dargebrachten Huldigung. Sie war auf
einen kurzen Zeitraum, der noch währte, aus ihrem
Charakter gefallen. Sie konnte die geheimen Unter=
handlungen ihres Bruders ertragen, ohne ſich um deren

Inhalt zu bekümmern. Sie konnte sich von Tschü-
Kiang ethnographische Vorlesungen halten lassen, ohne
dabei zu bemerken, daß sie abscheulich von ihm belogen
wurde. Ja, sie konnte sogar drei Fliegen in ihrem Zimmer leiden, ohne für jede dem Oberhofmeister eigenhän-
dig ein Dutzend Bambusprügel aufzuzählen. Kurz, sie
war sehr nachgiebig und duldsam geworden, ging früh
zu Bette, schlief spät ein, und stand auf, wenn die
Sonne schon im Zenith war. Sie hätte den an ihrem Fenster vorüberschleichenden Dhii-Kummuz wohl
hören können, aber sie hörte ihn nicht.

Siebentes Capitel.

Kauft bei meinem Nachbar keine Shawls! ſie
ſind ſo ſchlecht gewebt, daß man Erbſen durch=
werfen kann.
                    Scene auf dem Markte von
                         Kaſchemir.

Um Hali=Jongs Seele hatte ſich der Schleier eines
leidenden Trübſinns gelegt, den auch die neue Verände=
rung ſeiner Lage nicht von ihr zog.   Keine Hoffnung
belebte dieß gedrückte Gemüth, das auch keine Furcht
mehr kannte.   Das Ungewiſſe ſeines Verhältniſſes war
ſo weit in den Hintergrund getreten, daß er auch von
der plötzlichen Wendung deſſelben zu einem unglücklichen
Ausgange keine Vorſtellung hatte.   Die Schnitte, welche
er ohne zu ermüden, in unzählige Holzblöcke machte,
waren die Furchen, in welche er ſeine matten Sinne
verſenkte.   Er lebte in jenen Geſtalten, die unter ſei=
ner kunſtreichen Hand geboren wurden, und empfand
unausgeſetzt nicht nur die Freude eines alten Meiſters,
dem ſeine Werke noch immer trefflich gelingen, ſondern
auch die Wonne ſeiner jungen Schöpfungen ſelbſt, in
welchen er mit Leib und Seele aufging.

Die erſte Wohnung, welche den Vorſteher der
Götzenmanufactur von Paro aufgenommen hatte, daſ=

selbe alte Gefängniß, dem Hali-Jong durch die frucht-
losen Bemühungen des Schamanen auf einen kurzen
Zeitraum entzogen worden, öffnete sich jetzt wieder diesem unglücklichen Opfer des Fanatismus. Gylluspa
konnte durch nichts vermocht werden, eine bessere Lage
zu suchen; ja selbst die Drohungen der Priester, deren
Gesetz dem Frauenzimmer im Kloster den Aufenthalt
über Nacht verbietet, hielten sie nicht zurück, mit ihrem
Vater das Gefängniß zu theilen. Sie sah ein, wie
wohlthätig der Trübsinn Hali-Jongs auf ihn wirkte,
weil er durch ihn verhindert wurde, das Mißliche seiner
Zukunft zu fürchten. Sie wußte aber auch, daß dieser
schlummernde Zustand des alten Mannes ihn sogleich
verlassen würde, wenn er außer dem Kreise einer kurzen Gewöhnung versetzt werden sollte, wenn sie aufhörte, seine tägliche Umgebung auszumachen. Die
Unglückliche! In welche Welt war sie getreten. Sie
war nicht nur in ihren Erwartungen, sondern selbst in
ihren Ahnungen getäuscht worden. Das Schicksal ihres Vaters hatte eine Wendung genommen, welche ihr
niemals erklärlich geschienen hätte. Die Aufopferung
des Schamanen fruchtete nichts. Ihre Liebe zu Maha
Guru stand auf der Gränze zwischen einer religiösen Tugend und einem Verbrechen. Sie fühlte nur zu gut,
daß die Wünsche ihres Herzens sie auf die letzte Seite
zogen.

Die hölzerne Götterwelt, welche Hali-Jong um
sich her gezaubert hatte, belebte seine Phantasie mit den
seltsamsten Illusionen. Diese Heiligen schienen ihm

oft im Vollgenuß ihrer Göttlichkeit zu leben, sie spra=
chen mit ihm und dankten ihm für die Mühe, die er
sich gäbe, um ihnen anständige Kleider zu verschaffen.
Hali = Jong sprang dann auf und verbeugte sich tief,
unaufhörlich die Danksagungen zurückweisend, und sich
auf seine Pflicht und Schuldigkeit berufend. Zuweilen
schien es ihm auch in Folge einer merkwürdigen Ver=
wechselung, daß das Schnitzmesser nicht in seiner Hand
läge, sondern daß der halbvollendete Gott im Gegen=
theil ihn zwischen den Beinen halte, und ihn aus dem
Groben herausschneide. Dann pflegte er zu Gylluspa's
großem Entsetzen zu rufen: „Jeder Schnitt eine Stufe
höher auf den Berg des Himmels! Was fährt mir da
unter die Arme? Coli legt den Finger in meine Seite,
und spricht den Zaubersegen über mein Gedeihen. Was
hab' ich mir ein Pferd gekauft? Ein Thor, der dafür
hundert Schafe ausgab, und jetzt an den Füßen ge=
schnitten wird, daß er wie eine Wolke über alle Berge
fliegen kann! Hinein, ihr kunstreichen Dewtas, mit
euren lebenschaffenden Messern, hinein in die Haut
eines alten Esels, die von euch geritzt bald ihre Furchen
ausglätten wird, und jugendlich, götterkräftig, früh=
linggeboren die alten Runzeln Lügen straft! Die Ober=
schenkel nicht zu dünn, mein großer Schöpfer, damit
ich in deinem Himmel die Schritte länger nehmen kann!
Die Haare auf dem Scheitel nicht zu stolz, damit ich
nicht am Giebel der hohen Pforte einen Schaden stifte!
Ach, welch ein Glück, unter der warmen Hand eines
Gottes von den Fesseln der irdischen Materie erlöst zu

werden!" Konnte Hali=Jong bei diesen großartigen
Täuschungen sich nicht einmal mit sich selbst verwech=
seln? Wer hemmte das Eisen, wenn es statt in die Fa=
sern eines werdenden Götzen in seine eigene Brust fuhr?
Ja, konnt' er im Uebergenuß seines Entzückens nicht
plötzlich aus seiner Haut herausfahren, und todt in
Gylluspa's Arme zurücksinken?

Eines Tages saß Hali=Jong wie gewöhnlich auf
dem Fußboden, phantasirend über seine Hölzer, die er
mit zärtlichen Blicken betrachtete. Er hatte seinen
Schöpfungen jetzt wieder eine ganz neue Seite abge=
wonnen. Er führte in Gedanken eine große Schlacht
auf, welche den guten Göttern von den bösen geliefert
wurde. Die Waffen, deren sich die Geister bedienten,
und die Wunden, die sie damit schlugen, waren wieder=
um aus seiner Sphäre entnommen, und erinnerten an
die Dinge, welche in seinem Gedächtnisse doch jetzt so
weit zurückgedrängt waren. Aus dem Kampfgeschrei,
das er selbst ausführte, ersah man, was in seiner Seele
vorging. „Wir haben das große Welt=Ei gelegt," rief
er im Ton der guten Götter; „wir haben den zehntau=
send Elephanten, welche die Erde tragen, ihre Rüssel
gegeben, und lassen das Mennigkraut wachsen, womit
sich die Tugendhaften bemalen. Nennt eure Verdienste,
die ihr euch um die große Sylbe Om erworben habt.
Ha, ihr schweigt, die Gebirge sind vor euern Mund
getreten, daß Niemand eure Worte hört."

Es wurde im Gemache gesprochen. Hali=Jong
glaubte, die bösen Geister wollten nicht Ruhe geben,

und er fing daher wieder an: „Eure Lästerzungen, mit
denen ihr des Nachts auf den Bergen unsre Gläubigen
beschwatzt, sind noch nicht verstummt? Was habt ihr
an uns auszusetzen? Kennt ihr jene Bücher, in welchen die Lehre von der Symbolik des heiligen Antlitzes
der wahren Tradition gemäß behandelt wird? Nim-
mermehr, denn in euern Gesichtsbildungen liegt der
Stempel der Neuerung und der Bosheit. Ihr werft
die Oberlippe auf, und versteckt eure Unterlippe wie
die Schlange ihren Stachel. Eure Nasenlöcher weiten
sich auf, wie zwei furchtbare Abgründe, aus denen Pest
und Krieg und Unglaube heraufschlängeln. Eure Nasenspitze ist von ihren Winkeln so weit entfernt, daß
man einer Reise bedarf, um von dem einen in den andern zu kommen. Was sagen wir guten Götter von
den Augen der bösen? Liegen sie nicht so tief, als wollten sie sich in euer Gehirn verkriechen? Hat man je
solche Augen gesehen, die eher zum Hinterkopfe gehören! Naht euch nicht denen, welche approbirt sind!
Schon euer Hauch könnte die Regelmäßigkeit unserer
Formen in Unordnung bringen!"

Es waren drei Personen in das Zimmer getreten,
in denen die weinende Gylluspa ihre drei übrigen Väter
begrüßte, Hali-Jong aber seine Brüder nicht erkannte.
Seine Einbildungskraft war im Gegentheil von dem
Kampfe der guten und schlechten Formen so sehr ergrif-
fen, daß er in den theuern Ankömmlingen nur für die
Vertheidiger der letzten einen Succurs sehen wollte.
Er wehrte sie mit beiden Händen zurück, und über-

schüttete sie wegen ihrer verbrecherischen Absichten mit entrüsteten Vorwürfen. „Gelobt sey diese Stunde!‘‘ rief er, „denn jetzt hab' ich jene Riesen, welche den Berg Simnu unterwühlten, vor mir. Seyd ihr gekommen, um die Verhältnisse der von mir entworfenen Gesichtsbildungen zu zerstören? O, ich kenne euch längst! Ihr seyd mir Tag und Nacht erschienen, und habt meine Sinne durch Gaukeleien blenden wollen, damit ich abweiche von meinen alten Thonknetungen, und auf eure ruchlose Proportionenlehre schwöre. Ihr waret es, die ihr falsche Modelle in meine Manufactur brachtet, und auf der That ertappt, kaum mit heiler Haut davon kamt. Ich habe das Geheimniß erfunden, die Kunst in Einklang mit der Tradition zu bringen! Sehet her, hier stehen jene Gebilde, welche bestimmt sind, für den Erdkreis einst normal zu werden!‘‘

Inzwischen hatte sich kurz nach dem Eintritt der Brüder von Neuem die Thüre geöffnet, einige Priester im schwarzen festlichen Aufzuge mit gelben viereckigen Mützen traten ein, und näherten sich dem wahnsinnigen Hali-Jong mit feierlichen Schritten.

Durch die offene Thür sah man lange Reihen von Mönchen, die sich weit durch die Gänge zogen, und ein Spalier bildeten, das von murmelnden Gebeten widerhallte. Mit einem Schrei des Entsetzens gewahrte Gylluspa diesen Anblick; die Brüder fielen zu Boden, und selbst Hali-Jong schien von der auffallenden Zurüstung betroffen. Es schien, daß jetzt der Augenblick

herangekommen, der über Hali-Jongs Schicksal ent-
scheiden sollte.

Der erste unter den hereingetretenen Mönchen
wandte sich an den ihn anstierenden, auf dem Fußboden
sitzenden Verbrecher. „Ich preise mich glücklich,‘‘ sagte
er, „den Göttern zur Sühne jenen Elenden zuzufüh-
ren, der sie so unverzeihlich beleidigt hat.‘ Stehe auf
und folge den Dienern der ewigen Gerechtigkeit.‘‘

Der Angeredete, welcher von den ihm gemachten
Vorwürfen nichts begriff, erhob sich mechanisch, und
folgte den Priestern, von Gylluspa und seinen Brüdern unterstützt. Er sah befremdet auf die langen Reihen, die er passiren mußte, lachte über die Verwün-
schungen, welche zuweilen ausgestoßen wurden und
er für einen andern als ihn bestimmt hielt. Die Mönche schlossen sich hinten der Gruppe an, und begleiteten
sie über mehrere Gemächer, Höfe und Stiegen, bis zu
jenem großen, unterm Dache befindlichen Saale, in
welchem Hali-Jong einst dem grausamen Gerichte, das
über seine verfehlten Statuen gehalten wurde, beige-
wohnt hatte.

Der eiserne, uns wohl bekannte Kessel bildete den con-
centrischen Mittelpunkt für zahlreiche Peripherien, welche sich rings bis zur Wand und dem Dache terrassen-
förmig herumzogen. In der Mitte befanden sich einige
Erhöhungen, welche für die Ankläger, die Richter und
den Angeklagten bestimmt waren. Der Großinquisitor
nahm den höchsten Sitz ein, Hali-Jong den tiefsten;
auf den ersten Stufen, die zum Kessel führten, ließen

sich Gylluspa und ihre drei trübseligen Nebenväter nieder. Die unabsehbare Anzahl der neugierigen und fanatischen Mönche nahm hinter den Schranken des Gerichts auf den Sitzen der Estrade ihren Platz.

Diese Einnahme der Sitze geschah mit dem lautesten Schreien und Toben, wie es der Würde der Handlung wenig angemessen war. Erst als sich der Sturm etwas gelegt, und die Neugier der Mönche über ihre Schwatzhaftigkeit gesiegt hatte, ja nachdem mehrere der überlauten Geistlichen von ihren Vorstehern mit scharfen Verweisen notirt, oder wohl gar mit kleinen Disciplinarstrafen belegt waren, konnte endlich die feierliche Sitzung ihren Anfang nehmen. Der Großinquisitor hob die Hand in die Höhe, und Niemand wagte noch einen Laut von sich zu geben. Man hörte nur das unterdrückte Schluchzen Gylluspa's und das ängstliche, beklommene Seufzen ihres Vaters, der von allen diesen Zurüstungen noch keinen Begriff hatte.

Die Verlesung der Anklageacte bestand in nichts Anderm, als dem Vorzeigen eines blauen Götterbildes. Die Priesterschaft machte den Schluß, daß man dieß nur zu sehen brauchte, um zu wissen, um welches Verbrechen es sich handelte. Der Vorsitzer des Gerichts hob die Statue in die Höhe, hielt sie dem Angeklagten vor, und fragte ihn mit feierlicher Stimme, ob er dieß ketzerische Wesen in seiner rechtgläubigen Hand wohl erkenne?

Hali-Jong bedurfte nur dieses Anblicks, um aus seinen starren Träumen aufzuwachen. Obschon mit ihm

das Licht der Vernunft nicht wieder zurückkehrte, so
erhielt er doch für die Dinge, welche um ihn her ge-
schahen, ein haltendes Bewußtseyn; er konnte an ihnen
Theil nehmen. Die blaue Statue in der Hand des
Anklägers war ihm keinen Augenblick fremd; er entriß
sie ihm, drückte sie an seine Lippen, und umschloß sie
mit beiden Armen. „In einer so glänzenden Versammlung," rief er mit einem Complimente aus, „soll ich
dich, mein Pozio Cenreſi, wiederfinden? Als du in die
Welt kamſt und den Namen Geia-Thrix-Thengo an-
nahmſt, lehrteſt du deinen Völkern die schönſte aller
Künſte. Hab' ich dich nicht so ciſelirt, daß deine Kunſt
sich dir zur Huldigung darbringt? Kann man dich
immer nur in der Geſtalt eines männlichen Affen darstellen? Nein, ich gab in dir den schönen Knaben wieder, auf dessen Ruf sich die Erde mit Menschen bevöl-
kerte, der ihnen Geſetze verlieh und die Geheimniſſe
der Kunſt erschloß. Wo find' ich eine Pyramide von
eilf Schädeln, auf welcher du nach deinem alten Wunsche nur stehen wollteſt? wo das Geschmeide und den
grünſeidenen Mantel, der nach derſelben Vorſchrift ſtets
um deine Schultern gehängt ſeyn ſoll? Du verdienſt
diese Ehre; denn es iſt kein Fehl an dir."

„Deine Zunge läſtert," fiel der Ankläger ein; „wer
lehrte dich, daß aus dem geschwänzten Affen ein schöner
Knabe zu bilden ſey? Die Tradition. Wer erlaubt dir
aber, von den Bestimmungen des zehnten Kanons im
siebenundachtzigſten allerheiligſten Concile abzuweichen,
und an der Nase Pozio's die aufgeworfene Formation,

den Stempel der alten Geschichte seines Cultus mit
einer glatten, auslaufenden, schönen, aber unheiligen, un-
traditionellen, pseudokanonischen Nase zu vertauschen?"

Hali-Jong hob sein weißes Auge gen Himmel,
blickte dann wieder auf die Umgebungen, welche erwar-
tungsvoll seinen Worten horchten, drückte den Gott,
welcher den Stempel seiner Fabrik trug, an die Brust,
und sagte feierlich: „Ja, mein Pozio, aus dem Kopfe
dieses alten Mannes, der dich mit seinen Küssen bedeckt, bist du entsprungen! Ich höre da, daß man an
deinem jugendlichen Körper die Nase des Affen ver-
mißt. Solche Worte sind aus dem Munde eines be-
geisterten Freundes der Götter nicht gekommen. Das
ist noch der alte Wahn jener Barbaren, welche die Kunst
zu einer Dienerin der Religion, nicht zu ihrer Freundin und Schwester machen. Die Zeit der Fratzen und
des Götterschreckens ist vorüber. Wir leben durch die
Wohlthat des Himmels; aber nicht um Furcht zu erregen, sondern um Liebe zu gewinnen, spendet man
seine Gaben. Wer für den Himmel, wie ich, eine geheime Leidenschaft empfindet, wird ihn mit lang auslaufenden, von der Wurzel bis zur Spitze und dem
Knorpel wohlgemessenen, nicht mit aufgestülpten Nasen
bevölkern.

Hali-Jong hatte früher, wie wir wissen, im Zu-
stande ausreichender Besinnung nichts so sehr zu seiner
Rechtfertigung vermieden, als sich auf die Interessen
der Kunst zu berufen. Im Gegentheile hatte er entweder die Thatsache seiner plastischen Neuerungen ge-

läugnet, und fie auf die Rechnung des Zufalls gefcho=
ben, oder er hatte jede böswillige Auslegung derselben
durch die Aufzählung feiner Verdienfte um die Religion,
durch feine bezahlten Pilgrimsfahrten zu hintertreiben
gefucht. Wie viel Ganges=Sand hatte er nicht fonft in
die Augen feiner Ankläger geftreut. Jetzt war darin die
auffallendfte Veränderung eingetreten. Er ging nicht
nur auf fein Verbrechen ein, fondern entfchuldigte es
auch durch Gründe, welche ihm jede Rechtfertigung vor
feinen Richtern abfchnitten. Es fchien, als wollte er
untergehen, ein Märtyrer der Kunft und des guten
Gefchmacks.

Die Zeichen des allgemeinen Entfetzens hinderten
den Götzenfabricanten nicht, in feinen artiftifchen Ret=
tungen fortzufahren. Er äußerte Grundfätze, die eines
Reformatoren würdig waren. „Ihr ftaunt über den
Inhalt meiner Reden?“ rief Hali=Jong; „nur Die
können ftaunen, welche vom Geifte nicht ergriffen find.
Als die erfte Menfchengeneration auf die Erde gepflanzt
war, gingen die böfen Geifter daran, fie den guten zu
rauben, und von ihren Früchten ihren nimmerfatten
Leib zu nähren. So fuhren die Seelen aller erften
Menfchen in das verfluchte Leben der abtrünnigen Engel.
Was hatten nun die guten von ihren Gefchöpfen? Es
mußte ihnen Alles daran gelegen feyn, die ausgeflogenen
Vögel wieder einzufangen. Sie mußten auf Mittel
finnen, fich bei der Menfchheit ihrer Zukunft zu ver=
fichern. Sie mußten fich in Donner und Blitz hüllen,
in Schlangengewinden mit pefttäufelnden Fingern un=
ter

ter die Empörer treten, um durch Schrecken diejenigen
wieder zu gewinnen, welche sie durch ihre Güte und
Milde verloren hatten. Von diesem Augenblicke zeig=
ten sie sich auch nicht mehr in den Lüften und Wolken,
sondern ließen sich in den rohesten Stoffen darstellen,
um als ungeheure Erzmassen, Holzblöcke, Steinkolosse
auf den Gehorsam der Ihrigen zu wirken. Daher
schreiben sich die mißgestalten Formen, welche Jahr=
tausende lang die Phantasie der Völker mit Ungethümen,
ihr Herz mit Schreckbildern, ihren Geist mit furcht=
samen Gedanken befruchtet haben. Kahle Schädel sollen
jugendlichen Göttern stehen! Fürchterlich rollende Au=
genräder glotzten auf den Untertheil des Antlitzes herab,
der bald einen abscheulichen Vorsprung bildete, auf dem
ein Priester bequem sitzen konnte, bald so tief eingebo=
gen war, daß man im Zweifel stand, wo das Kinn auf=
hörte und der Hals anfing. Was soll ich von dem
Fundament dieser mißgebornen Köpfe sagen, von denen
Jedermann weiß, daß sie einen Bauch, zwei verschränkte
Arme, und zwei übereinandergeschlagene Beine vorstellen
sollen? Auf allen Wegen erblickten wir diese grauen=
haften Bildungen, die wie zusammengeronnene Glieder
aussehen, und im letzten Falle noch den Anblick meh=
rerer, in einander verwickelter Schlangen darbieten. Die
Priester, immer gewohnt, das Wahre zu verfehlen,
legten in diese Zufälligkeiten einen scheinbar tiefen Sinn,
und nahmen die Auswüchse der Natur für dasjenige,
was sie am meisten bezeichne. So ist eine Symbolik
entstanden, welche sich noch da erhalten hat, als schon

lange die Götter von ihrer alten Maxime, durch Furcht auf die Liebe zu wirken, zurückgekommen waren. Ihr fragt, wie ich hinter diese Inconsequenz gekommen bin?"

„Wir fragen nichts, du Elender!" schrie die ganze Versammlung, und von den hintersten Bänken sprangen schon die Eifrigsten herüber, um den Frevler in Stücke zu zerreißen. Aber der Großinquisitor hob seine Hand, und Hali=Jong, die entstandene Pause benützend, fuhr mit unerhörtem Gleichmuth in seiner Vertheidigung fort. Es ist merkwürdig, daß die Tibetaner, wenn sie wahnwitzig werden, fast wie die Europäer sprechen.

„Die Götter haben ihr Schicksal in unsere Hände gegeben," sagte Hali=Jong. „Sie waren es, die unsern Seelen den feinen Sinn des Geschmacks, und unsern Händen die künstlerische Fertigkeit verliehen. Was sprachen sie damit aus? Ihren Wunsch, sich würdiger Darstellungen zu erfreuen. Sie können nie gewollt haben, daß sich die Schönheitsformen nur auf den Wellen finden, die über die Flußbetten hingleiten. Sie haben die Schwäne nicht deßhalb geschaffen, damit nur an ihren Hälsen die Zauberlinien der Anmuth lebten. Sie bauten die Himmelsveste nicht, um die Sterne nur in der gelungensten Wölbung schweben zu lassen. Sie gaben Allem seine eigenthümliche Form, um ihre eigene Größe dadurch zu feiern. Ja, würden sie den Menschen als ein Muster der regelmäßigen Schönheit hingestellt haben, wenn sie nicht gewollt hätten, daß ihre eigene Herrlichkeit durch diese Formen widerstrahle?

Lag die Frömmigkeit, auf welche die Götter rechneten, nicht von jeher darin, daß man sein Theuerstes daran setzte, um ihnen zu gefallen? Wird der ein wohlgefälliges Opfer bringen, welcher vor den Altar seines Hausgottes ein Lattichblatt stellt, und doch die Mittel besitzt, ihm eine Lotosblume zu reichen? Wer eines Rosses entbehren kann, wird keinen Hund verkaufen, um seinen Heiligen mit einem neuen Kleide zu beschenken. Wer sich auf die fünfzeilige Strophe versteht, wird die Götter nicht mit dem eintönigen Versmaß der vier Glieder besingen. Das ist auch in der Kunst die neue Lehre, für welche ich sterben will. Soll ich darüber weitläuftig seyn? Ich kenne einen Allmächtigen, vor dem sich Millionen im Staube beugen wollen. Diese Millionen beschwören meinen Thon, meinen Bossirgriffel, meine Steinkohlen, daß ich ihnen das Bild dieses Großen zaubere. Meine Seele erbebt vor der Wonne dieser Schöpfung; sie fühlt die Nähe des Darzustellenden, der nur noch geträumtes, geahnetes Bild, ein flüchtiger Gedanke meiner Phantasie ist; ich verschließe mich in tiefe Einsamkeit, und trete erst nach dem Kreislauf vieler Monde wieder hervor. Ich ziehe den Schleier von meiner Schöpfung, und die Millionen halten die Hand vor ihre geblendeten Augen. Würd' ich meinem Gott den Schädel eines Affen gegeben haben, wenn ich sein Haupt mit den Mähnen des Löwen bedecken konnte? Soll ich ihm die schwarzen Augen des Kalbes geben, wenn ich die Farbe dazu den lieblichsten Blumen entnehmen kann? Ruchloses Beginnen! Von deinen Ga-

13 *

ben gib ihm die reichſte, die theuerſte, die du für Alles
nicht verſchenken würdeſt! Das ſchönſte Kleinod aber iſt
das, was wir an uns beſitzen; wer vermöchte ſich ſelbſt
in einen Schrein zu verſchließen! Laſſet uns Götter
ſchaffen nach der Menſchen Ebenbild! Wenn es keine
Gränzen mehr zwiſchen dem Himmel und der Erde
gibt, dann wird die Frömmigkeit ihre reinſten Opfer
darbringen!"

Hali=Jong ſtand mit emporgehobenen Armen da,
wie ein verklärter Seher. Der Gott Pozio Cenreſi
war ihm entfallen, und das Gericht mit ſeinen zahl=
loſen Beiſitzern blickte ihn einen Augenblick mit ſtum=
mer Bewunderung an. Als er aber am Schluß ſeiner
ekſtatiſchen Peroration dem Atheismus das offenbarſte,
unumwundenſte Wort geredet hatte, da brach der Sturm
mit erneuerter Wuth los, und nur die ſeltene Mäßi=
gung des Großinquiſitors verhinderte es, daß jene
Aeußerung für ein Geſtändniß ſeiner Schuld, und deß=
halb für ſeine Verurtheilung gehalten wurde. Die Ge=
wiſſenhaftigkeit verlangte, daß derſelben noch einige nä=
here Erörterungen vorangingen.

Der Großinquiſitor begann dieſe mit folgenden
Worten: "Die Kirche iſt unveränderlich. Alles, was
dieſe Eigenſchaft beeinträchtigen könnte, muß ſie unter=
drücken. Aus den Reden dieſes Unglücklichen vernah=
men wir alle, wie frevelhafte Folgerungen die ſo=
genannte Vollendung der Kunſt nach ſich zieht. Was
verſtehen dieſe Neuerer unter Verbindung der Religion
mit der Kunſt? Sie wollen der einen ihre Würde ent=

ziehen, um damit die Blöße der andern zu bedecken. Sie setzen die Wahrheit der Ewigkeit in die Schönheit des Augenblicks, und machen die Götter zu einer Sache des Geschmacks.''

,,Den Menschen wollen sie als das Maß aller Dinge anbeten,'' fuhr ein Oberrichter fort; ,,zwar ist der Mittelpunkt der allein seligmachenden Lehre die ewige Menschwerdung Gottes; der große Lama würdigt den Leib seines unsterblichen Geistes, aber wer hätte je die Sünde begangen, diese flüchtige Hülle eben so zu schätzen, als das ewig in Gott Wiederkehrende? Nein, das allein Anbetungswürdige liegt in Dingen, die wir nicht sehen, also auch nicht nachbilden können.''

,,Wir sind die spätgebornen Enkel einer alten Zeit,'' sagte ein zweiter Beisitzer des Gerichts. ,,Wir schaffen die Götter selbst nicht, sondern die Vergangenheit überliefert sie uns mit den Formen, welche ihnen einst gefielen, mit der ganzen Geschichte ihrer alten Verehrung, an welcher nur die Lüge etwas ändern kann. Die Tradition ist das heiligste Buch unsers Glaubens, auf dessen Blättern in unvergänglichen Zügen die Gebote der Frommen stehen. Wer könnte von ihnen abweichen, ohne Schaden an Seele und Leib zu nehmen?''

,,Die Kunst,'' fiel ein Dritter ein, ,,ist nur ein schwacher Nothbehelf der Religion; man kann ihr keinen schlechtern Rath geben, als ihrer Meisterin Gesetze vorzuschreiben. Das ewige Dogma steht unerreichbar. Die Rücksichten eines sonderbaren Geschmacks, den die

Neuerer geltend machen wollen, verschwinden vor den
Bestimmungen, welche die Religion darüber ertheilt.
Kann die Nachahmung der Natur mehr seyn, als das
tiefsinnige Symbol, welches der Künstler nur nach der
Angabe des Priesters zu fertigen hat? Ja, der Prie=
ster ist allein jener wahrhafte Künstler, welcher den
Göttern wohlgefällt.‘‘

Der Großinquisitor nahm wieder das Wort: „Die=
sen Aeußerungen meiner hochweisen und demüthigen
Collegen,‘‘ sagte er, „geb' ich meinen ungetheilten
Beifall. Sie halten die beiden Sphären, die er=
habenste und die aufrührerische, mit entschiedener Fe=
stigkeit auseinander. So muß es seyn, wenn Tibet
sich des Schutzes seiner Götter ferner noch erfreuen
will. Unsere Wohnhäuser werden schon seit langer Zeit
bequemer und annehmlicher gebaut, als die Tempel,
welchen wir ihre ehrwürdige alte Bauart lassen. Hierin
Geschmacklosigkeit sehen zu wollen, ist eine Blasphe=
mie, für die man eine neue Kirchenstrafe erfinden sollte.
Warum bleiben wir bei den alten Stockwerken, bei den
auslaufenden Rundbächern, bei den Kuppeln und ver=
goldeten Säulen? Weil wir den Wohnungen der Göt=
ter ihre schönste Zierde, die Bedeutsamkeit der kleinsten
Einzelheit, nicht entziehen wollen. Durch einen Vor=
hof drücken wir den ersten Grad der Wiedergeburt aus,
durch einen Vorhang die verborgene Wunderkraft des
Allmächtigen. Eine Gallerie mit acht Nischen sind die
acht Stufen der Läuterung. Die Seitenfenster in dem
Vorzimmer bedeuten die sündhaften Rückblicke auf die

irdische Vergangenheit; die Dachfenster in den innern
Gemächern sind die sehnsüchtigen Hinneigungen nach
dem Jenseits. Dieß ist die tiefe Symbolik unserer
Tempel; und alle Baumeister des Erdkreises sind gehalten, von derselben nicht abzuweichen!"

Derjenige Richter, welcher dem Großinquisitor zu-
nächst saß, führte diese Auseinandersetzung so fort:
„Dieselbe Bewandtniß hat es mit der heiligen Götter-
plastik. Hier ist nichts ohne eine Erklärung, nichts
ohne praktische und dogmatische Anwendung. Jedes
Haar auf dem Haupte eines Gottes hat die Kirche gezählt; denn an ein jedes knüpft sich eine Reihe der lehr-
reichsten Erfahrungen aus der Geschichte des Dargestell-
ten. Willst du, Abtrünniger, deinem Durga zwei
Ohren geben, wenn die Tradition dich lehrt, daß ihm
im Kampfe mit den Racusses das linke abgehauen ist?"

Dieß Beispiel war so schlagend, daß die für das
verlorne Ohr Durga's begeisterte Menge in Verwün-
schungen ausbrach, welche Hali-Jong mit theilnahm-
losen Blicken aufnahm. Der Oberrichter, den Eindruck seiner Beispiele verfolgend, fuhr fort, deren mehrere zu geben: „Wie willst du die Fußsohlen des mächtigen Tschuptschu bilden?" — rief er; „du wirst sie glatt
und eben ciseliren, Unverschämter, und unsre Nachkommen um die Erinnerung des glorwürdigen Factums
betrügen, daß Tschuptschu's Fuß auf seiner Flucht aus
Butan hinter Bukadewar eine tiefe Kluft hinterließ,
weil er einer Schlange den Kopf zertreten wollte.
Wärest du nicht im Stande, den Biß der Schlange

durch deine künstlerischen Grundsätze ungesehen zu machen?''

„Er hat den Schlangenbiß von Bukadewar geläugnet!'' schrien tausend Stimmen durcheinander, und Manche zerrissen vor Entsetzen ihre Kleider.

„Ein Schwanz am Leibe eines Menschen,'' fuhr der Oberrichter fort, „ist freilich ein Ding, das man vergeblich suchen möchte. Würde nach diesem Grundsatz ein Atheist nicht immer bereit seyn, dem Gott Perampor seinen Schwanz zu nehmen, den er wie die Tradition meldet, mit so wohlgefälliger Freude getragen hat? Unsre Nachkommen werden dann nichts mehr wissen von den zehntausend frommen Affen, welche Perampor aus einem Walde zu Hülfe kamen, als ihn die Racusses in einem Hinterhalt angriffen. Sie werden es nicht mehr hören, daß der Gott zum Andenken dieser Rettung einen Schwanz zu tragen sich entschloß.''

„Wehe, wehe dem Mörder unsrer heiligen zehntausend Affen!'' war das Klaggeschrei, das an Hali-Jongs Ohr, ihm unverständlich, drang.

„Der menschlich schönste Gott ist unstreitig Narrain,'' begann aufs Neue der Oberrichter; „aber die heilige Legende weiß, daß er dicht unterm rechten Ohrzipfel ein Muttermal hatte, das in seiner Geschichte eine große Rolle spielt. Nimmt man ihm aus falschen Rücksichten dieses Zeichen, woran soll ihn nach tausendjähriger Abwesenheit seine Mutter Nazzim wieder erkennen?''

„Wenn sich die Götter untereinander selbst zu er-

kennen aufhören,'' rief eine Stimme, ,,wie sollen die
Menschen mit ihnen bekannt werden?''

Die Menge gab dieser Logik Beifall, und verlangte
den Tod eines Menschen, dessen Leben nur eine Kette
von groben Gottesläugnungen gewesen sey. Die Miene,
welche Hali=Jong zu diesem bösen Spiel machte, konnte
nicht besser seyn. Er schien sogar zuweilen zu lachen,
als wäre das Ganze der Verhandlung eine Farce, die
ohne Zweck aufgeführt würde und am wenigsten ihn
beträfe. Der Großinquisitor besaß Einsicht genug,
diese Apathie zu bemerken und sie zum Theil richtig zu
erklären. Was hatten alle die Bemerkungen des ge=
schwätzigen Oberrichters mit Hali=Jongs Verbrechen
zu thun? Sie hielten sich nur auf der Oberfläche der
Geschichte, und trafen nicht einmal auf die begangenen
Versehen zu. Hatte denn Hali=Jong je die Attribute
seiner Gottheiten, ihre Hörner, ihre Warzen, ihre
Muttermale, ihre Schwänze, ihre Ziegenfüße außer
Acht gelassen? Nein, gegen die Proportionen war er
eigenmächtig verfahren. Auf den kleinen Flecken des
Gesichts zwischen der Nase und der Oberlippe concen=
trirten sich die Verbrechen, mit denen er den Hals ver=
wirkt hatte. An dieser Stelle war Hali=Jong empfind=
lich, und von ihr mußte man reden, um von ihm Ant=
worten zu erhalten.

Der Großinquisitor übernahm es, die Ausschwei=
fungen des Oberrichters wieder auf die fragliche Gegend
zurückzulenken: ,,Weil die Priesterschaft die heiligen
Bücher bewahrt,'' sagte er, ,,so dürfte es trotz der

Vermessenheit ketzerischer Bemühungen dennoch möglich
seyn, daß die alte Legende, der Mythus der Ueberlie-
ferung, erhalten wird. Aber was durch dieselben un-
endlich größern Gefahren ausgesetzt ist, bleibt die Symbolik des übersinnlichen, unerklärlichen Dogma's. Ich
gehöre nicht zu jenem, auf dem hundert und neunzehn-
ten Concil verdammten Schisma, welches die Irrlehre
verbreitet hat, daß der Kopf allein schon hinreiche, einen würdigen Begriff von den Göttern zu geben, sondern ich glaube im Grunde meines Herzens an den
Rumpf, wie an die Wesentlichkeit des Kopfes. Dennoch ist es über allen Zweifel gewiß, daß die Extremi-
täten der Götterleiber nur zur Versinnlichung ihrer my-
stischen Zufälligkeiten, ihrer geringfügigen Abenteuer,
ja ihrer kleinen Inconsequenzen bestimmt sind. Das
Antlitz aber ist der Spiegel ihrer höchsten Vollkommenheit. Hier knüpft sich an jeden Zug eine Reihenfolge
der ernstesten Betrachtungen. Hier etwas ändern, heißt
die Nägel ausziehen, welche den Himmel über der Erde
festhalten. Die Götter wissen Alles. Was heißt das?
An ihren Augen darf sich nicht die entfernteste Beschränkung zeigen. Wie? wenn es dem Frevler dort zu meinen Füßen einfiele, das Auge der Götter mit dem Au-
genliede halb zu überziehen, oder sie mit den Wimpern
der Menschen zu überschatten? Kann Pozio nur in die
Werkstätte der Tischler sehen und nicht auch in die der
Posamentirer? Wenn die Hulis dem Narrain den
Rücken zukehren, kann er dann nur ihren schönen Nacken bewundern, und nicht auch die Busen, die sich

vorne wölben? Nein, es heißt die Allwissenheit läugnen, wenn auch nur eine Linie des Augenliedes aus der
Höhle hervorsieht. Es ist uns allen bekannt, daß den
Göttern die Allgegenwart in der Nase steckt. Perampor macht den Weg durch die dreizehntausend Königreiche der Erde früher, als ich einmal „Hui" sage.
Es ist also einleuchtend, daß hier Alles auf die Kürze
ankömmt. Eine verlängerte Nase würde an Perampor
ausdrücken, daß er in der That einige Zeit braucht, um
diese Reise zu machen. Nicht weniger würde das Wunder der Allgegenwart durch eine Nase in Zweifel gesetzt
werden, an der beide Flügel schlaff herunterhängen.
Was soll ich von den Verhältnissen sagen, in welchen
die einzelnen Theile des Antlitzes zu einander stehen
müssen? Es hat Irrlehrer gegeben, welche behaupte-
ten, daß die Allmacht niemals ein Werkzeug des göttlichen Zornes seyn könnte. Heißt es nicht diesen falschen Propheten Vorschub leisten, wenn man die Zähne
der Götter durch den Mund, die Drohung durch die
Kraft Alles ins Werk zu setzen, verbirgt? Wenn das
Kinn die Liebe, die Stirn aber die Gerechtigkeit bezeichnet, so darf in der Proportion dieser Theile nicht
die kleinste Eigenmächtigkeit herrschen, da unsre heiligen Bücher sehr genau das Maß bestimmen, wie weit
die Geduld und die Nachsicht der Götter reichen. Es
ist eine alte Streitfrage, ob die Allgegenwart die Folge
der Allmacht ist. Die heiligen Lehrer Tibets haben sie
längst bejaht, und deßhalb verordnet, daß der Mund
der Götter immer mit vollen Backen gebildet werde,

weil auf diesem Wege die Nasenflügel anschwellen und
gleichsam einen leichten Schwung bekommen. Gegen
dieses tief berechnete Gebot hast du, unglücklicher Vor=
steher der Götzenmanufactur von Paro, am meisten
gefehlt, ungerechnet, daß seit zehn Jahren aus deiner
Fabrik physiognomische Neuerungen kamen, die zuletzt
den Zorn des Himmels herausforderten. Sieh her,
du falscher Prophet, dieß sind die abscheulichsten Vor=
boten des Vernunftgottesdienstes, welchen du einfüh=
ren willst! Die wahren Urbilder dieser Jammergestal=
ten fordern Rechenschaft und dein religionsspöttisches Le=
ben als gerechte Sühne.‘‘

Bei diesen Worten trugen die Klosterdiener eine
Reihe von Standbildern in den Saal, die wir für
etruskische Ausgrabungen gehalten hätten. Sie mach=
ten dem Geschmack Hali=Jongs Ehre. Unter rau=
schendem Gelärm wurden sie vor ihren Verfasser hin=
gestellt, und der Großinquisitor fragte ihn, ob er sie als
die seinen anerkenne? Hali=Jong gerieth, wie immer,
beim Anblick seiner Schöpfungen, in überschwengliche
Freude. Er umarmte sie, wischte den Staub aus
den Fugen, hielt sie gegen das Licht, um sie in
der Fernsicht zu prüfen, brachte sie dann in einen
Kreis zusammen, und sich selbst in die Mitte stellend,
antwortete er auf die wiederholte Frage des Großinqui=
sitors mit folgender Erklärung: „Bin ich aus meiner
eigenen Haut geboren? Der Fromme wird daran zwei=
feln, obschon er mich immer den Sohn meines Vaters
nennen mag. So erkenn' ich zwar in allen diesen For=

men mich selbst als den Werkmeister an, welcher sie ge=
bildet; aber sind sie mehr als Eingebungen eines höhern
Willens? An diesen Bildern ist kein Fehl!"

„Zerschlagt sie, siedet sie, macht sie dem Erdboden
gleich!" war die tausendstimmige Erwiderung auf dieß
freie Selbstlob.

„Ihr seyd für die Schönheit nicht empfänglich,"
sagte Hali=Jong; „man muß euch eine Süßigkeit zu
kosten geben, um auf immer euren Gaumen darnach
zu reizen. Ich will euch nichts von den tiefen Gesetzen,
die über das menschliche Angesicht walten, verschweigen,
und sie erklären, wie sie dem empfänglichsten Forscher,
dem Freunde der Natur, erschienen sind. Die Bil=
dung des Kopfes ist die erste Folge der Zeugung, deß=
halb ist seine Gestalt die des Anfangs: er ist eirund.
Alle Dinge der Anschauung, alle Ereignisse des Lebens,
kommen auf die heilige Dreizahl zurück: Geburt, Le=
ben, Tod; Anfang, Mittel, Ende. Deßhalb wurde
das menschliche Antlitz in drei Theile gelegt, von denen
ein größerer oder kleinerer Theil ein Zeichen der Un=
schönheit ist. Vom Scheitel der Stirn bis zum Auge
ist das erste Drittel. Die Stirn ist die weite öde Fläche,
auf welcher noch kein Gras der Erkenntniß wächst, kein
Berg der Erfahrung sich erhebt, kein Thal der Erholung
von gehabten Anstrengungen liegt. Nur das Auge
wölbt sich in der Tiefe, der Spiegel einer menschlichen
Seele und das Symbol der ersten Lebensregungen, des
Empfängnisses fremder Eindrücke. Die Welt geht dem
Bewußtseyn auf. Die zweite Lebens=Anfangsstufe

drückt sich durch das zweite Drittel des Gesichts aus.
Zwischen den Augen erhebt sich die Nase, und scheint
unter der Oberfläche tief in der Seele zu wurzeln. Sie
ist es, welche keck die Heimath verläßt und den ersten
Ausflug in die Welt macht. Diese liebenswürdige Un=
verschämtheit, mit welcher das Kind die Dinge der
äußern Erscheinung betrachtet, und weit über seinen
Verstand in Alles die Nase steckt, kehrt nie wieder; es
sey denn, daß bei einzelnen Personen das Kinn eben so
weit hervorragt, ja wohl noch weiter geht, als die
Nase. Diese Menschen mit den ungeheuern Kinnbacken
werden deßhalb auch allgemein als lieblose, dreiste, hin=
terlistige Gesellen gefürchtet. Sie erinnern lebhaft an
die Physiognomie der Affen. Wir sind noch auf dem
zweiten Drittel des Gesichts, und kehren von unsrer
Excursion dahin zurück. Das Vordrängen der Nase
ist nur Frühreife, nur die Anregung zum eignen Den=
ken, und daher der beständige Sitz der Phantasie. Das
Innere dieses Knorpels ist hohl, es ist am äußersten
Ende nicht einmal mehr durch einen Knochen unterstützt.
Vielmehr wird durch das Nasenbein der Weg in die
Thalgegend, welche sich um den Backenknochen verbrei=
tet, gebahnt, und eine weite Fläche zieht sich zu der
wichtigsten Partie in dem zweiten Drittelfelde. In
der ersten Region lernten wir sehen, in der zweiten hö=
ren. Die frühe, vorschnelle Weisheit der Nase wird
durch die geschärfte Thätigkeit des Ohres wieder gut ge=
macht. Es ist nicht ohne Grund, daß sich von diesem
Gliede immer ein Doppelexemplar findet; denn über=

haupt

haupt sind die auf die Bescheidenheit, die Belehrung,
das Walten der innern Thätigkeiten, berechneten Glied=
maßen zwiefach vorhanden, wie das Auge und das Ohr,
die beiden Hauptorgane der leidenden Zustände. Nach
der vollendeten Ausbildung dieser beiden ersten Gesichts=
drittel, sollen wir erst wagen, in das letzte Drittel
herabzusteigen, und uns dem Mund und unserm Kinn
anzuvertrauen. Die wahrhafte Symbolik des mensch=
lichen Antlitzes drückt sich darüber folgendermaßen aus:
Der Mund wird von der Nase beschattet. Er sieht an
den Nasenlöchern die innere Hohlheit des rücksichtslosen
Hineintappens in die Welt; er hat zur Warnung dieß
beständige Beispiel vor sich, wie weit die Vermessenheit
gehen kann, wenn er durch wohlerwogene Worte den
Ausschweifungen nicht Einhalt thut! Das Kinn endlich
ist der Ausdruck der höchsten menschlichen Vollendung.
Um diesen Hügel spielen alle Verhältnisse, die im Leben
nur zusammentreffen, an seiner Wölbung unterscheidet
der Unterrichtete die Charaktere früher, als am Auge.
Die Bedächtigkeit im Reden und Handeln, die Abge=
schliffenheit des Betragens, alle Tugenden des geselli=
gen Umganges lassen sich am Kinn absehen. Man kann
eine gewölbte Stirne für das Zeichen eines tiefen Den=
kers halten; man kann an dem kleinen Ohr die ver=
schmitzte Laune des Schalks erkennen; man kann endlich
aus den Falten, die sich um die Nasenwinkel bergen,
auf gewisse Eigenthümlichkeiten im Umgange schließen;
aber nichts ist für den Menschenkenner bezeichnender,
als das Kinn. Hier lagern sich alle Tugenden und La=

ster im seltensten Vereine. Nichts ist hier offen, frei, hingegeben, sondern alles zugerichtet für das gewöhnliche Bedürfniß des Lebens. Die Tugend hat hier ihre Anspruchlosigkeit zwar nicht aufgegeben, aber sie will nicht als solche gelten, sondern nur um des schönen Scheins willen, der dadurch auf die Gewohnheit der Gesellschaft fällt, ihre Werke üben. Am Kinn ist die Tugend nicht mehr ihrer Güte wegen, wie am Auge da, sondern um ihrer Schönheit willen, und das Laster, das sich an der Nase offen gibt, ist hier verbannt, weil es häßlich ist. Beim Kinn beschwört man das Mitleiden, eine Tugend, die auf den geselligen Umgang einen so blendenden, wohlgefälligen Schein wirft. Die Folge der Convenienz ist die Protection, die Gefälligkeit, die Dienstbereitwilligkeit, kurz die Grundlage aller gesellschaftlichen Höflichkeit, und deßhalb wird man immer bei dem Barte, welcher das Kinn bedeckt, seine Versprechungen geben. Weil man nur durch ein empfehlendes Kinn einen tüchtigen Ritt durch die Welt macht, so ist es ganz natürlich, daß die Kinnbacken die Form eines Sporns haben. Was läßt sich nach diesen Erläuterungen noch von den Bestandtheilen des Mundes Triftiges sagen? Die Ober- und Unterlippe gehören zweien Welten an, die wie Himmel und Erde auseinander liegen. Die Oberlippe liegt fast noch in jenen Reichen der Unbefangenheit, wo das Auge nur zu sehen, das Ohr nur zu hören hat; wo man ihre Weisheit der Nase darum verzeiht, weil sie der Sitz der Phantasie ist. In der Oberlippe ist noch Jugend, ungefesselte Begierde, die ganze Ansteckung des Gliedes, welches über ihr liegt, und weil sie noch ohne Gesetz und Regel verfährt, und mit sich selbst nicht im Klaren ist, so hat die Natur ihren Zwiespalt auch dadurch bezeichnet, daß sie aus zweien, durch ein verführerisches Grübchen getrennten Theilen besteht. Der eigentliche Reiz des Kusses liegt in der Berührung der Oberlippen, und nur die erste, stürmische, geschlechtsüberraschte Jugend vermag überhaupt aus dem Kusse die höchste Seligkeit zu trinken. Die sentimentale, entsagungsselige platonische Liebe ist auch nur bei weit auseinander stehenden Lippen möglich. Hier hat sich das Herz noch nicht zu dem Verstande gefunden, das Gefühl ist noch in der Gährung begriffen, die Rücksichten legen noch kein Gewicht in die Wagschale der Entschließungen, und man sollte sich nicht eher verheirathen, als bis man die Lippen zu schließen versteht; denn die Unterlippe fesselt das Gefühl an die Umstände, unter denen es ihm erlaubt ist, sich zu äußern. In ihr liegen die Uebergänge zu der kalten Berechnung des Erlaubten und Schicklichen, zu den Geboten, welche die Sitte, die Mode und der gute Ton vorschreiben; zu den Grundsätzen, welche man entweder selbst annehmen muß, oder man gezwungen ist, an Andern zu berücksichtigen; kurz zu der weltlichen Klugheit des Kinns. Bei jenen Menschen, welche über ihre Leidenschaften zu siegen wissen, wird auch die untere Lippe die obere beherrschen; sie wird nicht schlaff herunterhängen, und noch weniger von der obern nach der Sitte sinnlicher, unerfahrener Gefühls-

menschen überbissen werden.   So liegt in den unschein=
barsten Einzelnheiten ein tiefer Zusammenhang.   Dieß
ist die wahre Mystik der Gesichtsbildung, für welche ich
mit Freuden untergehe.   Sie auch auf die Götter an=
zuwenden, was hinderte mich daran? Da ist kein Un=
terschied als der der Unsterblichkeit; denn auch die Göt=
ter wurden jung geboren und gesäugt an den Brüsten
einer Ziege oder einer Hirschkuh oder einer Wölfin.
Auch sie zogen auf Erfahrungen aus und ließen sich in
Abenteuer ein, zu denen sie ihrer ganzen Götterkraft
bedurften, um aus ihnen mit unversehrter Haut heraus=
zukommen.   Auch zu ihnen traten die Leidenschaften,
und die Liebe warf sie zu Boden.   Ihre Küsse waren
schneller als ihre Ueberlegung.   Der Eine erfreute sich
nicht immer der Vorzüge des andern.   Zorn und Milde
wechselten hier schneller ab; da verdrängten sie sich,
dort blieb nur für eines derselben Raum.   Ich kenne
die Geschichte meiner Götter, und nach ihr hab' ich
eines jeden Gesichtszüge modellirt.   Konnt' ich anders?
— Nein.   Hier stehe ich; ich bin bereit, mit meinen
Werken zu Grabe zu gehen.‟

Der arme Hali=Jong! Mit dieser langwierigen
Begeisterung für eine Lichtseite der Kunst, glaubte er
die Anklagen des Fanatismus zurückzuweisen.   Seine
Sache war verloren.   Die Mönche begleiteten jede
seiner Auslegungen mit einem Zetergeschrei, das im=
mer mehr anwuchs, und ihm zuletzt ein nothwendiges
Schweigen auferlegte.   Die Wahnsinnigen, welche die
Ansteckung fürchteten, waren von ihren Sitzen auf=

gesprungen, stürmten die Schranken und fielen über
den überwiesenen Verbrecher her, dem seine Götterwelt
nur einen schwachen Schutz gewährte. Der Großinquisitor konnte der Erbitterung keinen Einhalt mehr
thun; Hali-Jong hatte sich durch seine Rede über die
drei Drittel des Gesichts selbst verurtheilt; und es war
nur eine leere Förmlichkeit, daß er noch über den Ketzer
den Stab der Verdammung brach.

In dieser merkwürdigen Verhandlungsscene gaben
Gylluspa und ihre übrigen Väter stumme, regungslose
Zuschauer ab. Die Vertheidigung, deren sich Hali-
Jong bediente, war für sie so unverständlich, daß die
Zeichen des Erstaunens über seine seltsamen Reden durch
die Hoffnung, er möchte durch sie vielleicht seine Unschuld erweisen, gemildert wurden. Die entrüstete Art
jedoch, wie man seine Auseinandersetzungen allgemein
aufnahm, konnte ihnen den Erfolg derselben schon unzweifelhaft machen.

Niemand mußte von dem drohenden Ausgange Hali-
Jongs mehr ergriffen seyn, als Gylluspa. Sie hatte
den Vater am äußersten Rande des Verderbens gesehen,
als sie ihn gegen Alles geschützt glaubte, um wie viel
weniger konnte sie auf Rettung hoffen, wo Alles schon
verloren schien. Mit Recht dachte sie an die Anstrengungen des Schamanen, von dem sie wußte, daß er
nichts unversucht lassen würde, wenn es sich um die Erhaltung eines ihr theuren Kleinods handelte. Aber sie
hatte Ursache, auf die Fruchtlosigkeit derselben zu schließen, nachdem die vorangegangenen Bemühungen alle

fehlgeschlagen, und selbst der Schutz des Dalai Lama
ohne Erfolg beschworen war. Was blieb Gylluspa
von dem Dalai Lama selbst zu denken übrig? Sein
sterblicher Theil war derselbe Freund, der Alles für sie
gewagt hätte. Und selbst in der Fülle seiner Gottheit
hatte er nicht verschmäht, sie mit der alten Liebe zu
umfangen. Konnte ihre bedrängte Lage ihm verborgen
seyn, dem Allwissenden? Konnte dem Allmächtigen die
Macht gebrechen, ein rathloses, unschuldiges Opfer,
das zuletzt doch nur ihm dargebracht wurde, vom Tode
zu retten?

Die Lage Gylluspa's war aber noch eigenthümlicher,
als wir es beim ersten Anblick errathen können. Ihre
Liebe zu Maha Guru blühte mit frischen, leidenschaft=
lichen Farben in ihrem Herzen. Sollte man glauben,
daß diese Neigung mit den Wünschen, welche ihre kind=
liche Hingebung für das Wohl Hali=Jongs hegte, im
vollsten Widerspruche stand? Das Wiedersehen Maha
Guru's hatte ihrer lange unbefriedigten Sehnsucht ver=
ständliche Worte gegeben, sie mußte sich in den Armen
ihres Jugendfreundes gestehen, daß in ihm ihre Träu=
me und Gedanken lebten. Aber die Umstände, unter
denen sie ihn wieder sah, sein himmlisches Avancement,
seine entschiedene Geschlechtslosigkeit, mußten sie in eine
Verzweiflung stürzen, welche mit dem Maße ihrer Liebe
wuchs. Es war ein Verbrechen, daß Gylluspa ihren
König und Meister mit sinnlicher Liebe umfing? Was
stand ihr also mehr im Wege, als Maha Guru's Lamai=
tät? Es war hier nicht von unwesentlichen Standes=

und Ranges-Verhältnissen die Rede, nicht von dem sogenannten Urtheile der Welt, über welches sich Liebende
bald hinwegsetzen, ja vielleicht nicht einmal von dem
festen Gedanken an die Möglichkeit Maha Guru zu besitzen; sondern Gylluspa, ihrer tibetanischen Bildung
folgend, schien sich über die Sündhaftigkeit einer solchen
Neigung Rechenschaft ablegen zu wollen. Sie schau-
derte vor einem Herzen, das sich dem Höchsten, Allerheiligsten mit sinnlicher Inbrunst nahte. Was mußte
daraus folgen? Ihre Liebe ließ sich nicht wegläugnen,
wohl aber die Hindernisse, die ihr entgegenstanden.
Gylluspa's Seele wurde von Zweifeln zerrissen. War
Maha Guru in der That jener Träger des Erdballs,
der allen Ursachen und Wirkungen seine Gesetze gibt?
Warum vermochte der, welcher das Haar auf den Häuptern aller Menschen gezählt hat, nicht das Leben eines
Einzigen zu retten? Warum konnte es Anmaßungen
geben, für die er keine Blitze hatte, um sie zurückzu-
schmettern? Hier brachen sich die Interessen, welche
für den Vater und den Geliebten nicht mehr dieselben
waren. Die Rettung Hali-Jongs schien seiner Tochter die Götterprobe, von welcher die Unglückliche bald
wünschte, daß sie Maha Guru bestünde, bald, daß sie
gegen ihn zeuge. In jenem Falle war ihr Vater gerettet, in diesem ihre Hoffnung auf Maha Guru. Der
Preis, um welchen ihr dann das Leben ihres Vaters
erkauft schien, war die Entsagung einer glühenden Leidenschaft und die Verzweiflung des Schamanen; der
zweite Preis, um welchen sie ihre Liebe rettete, war

der Tod des Vaters. Blieb ihr in diesem fürchterlichen
Dilemma etwas Anderes übrig, als aus dem Kampfe
der schrecklichsten Momente zu fliehen, und ihre zitternde Seele in die dunkle Kammer der regungslosesten
Apathie zu bergen?

Es war Nacht um Gylluspa. Dämmernde Gestalten gaukelten an ihren gefangenen Sinnen vorüber.
An ihr Ohr schlug es, wie das dumpfe Gemurmel eines
fernen Stromes. Wenn sich ihr Auge öffnete, ent-
luden sich die Strahlen als Blitze, welche durch die
schwarze Finsterniß fuhren, und im Vorüberflug eine
theure Gegend erhellten. Gylluspa war in dem Thale
von Paro, mit ihren Blicken die fernen Zinnen von
Dukka Jeung verfolgend. Eine Fahne wird auf der
höchsten Kuppe aufgesteckt, ihr Herz pocht in freudi-
geren Schlägen. Ein Nachen fährt über die blauen
Wellen des Pa=Tschieu, er landet, und eine Schaar von
Jünglingen entsteigt ihm, der herrliche Maha Guru
an ihrer Spitze. Die Mädchen von Paro versammeln
sich, und die Tänze des Hulifestes beginnen. Die
rothen Kugeln verfolgen die jauchzenden Mädchen, aber
Maha Guru's Blätter färben nur Gylluspa's Wangen.
Wo blieben die Gespielen? Sie verschwinden lachend,
und die Liebenden wandeln einsam an dem Ufer des
Pa=Tschieu. Weiße Lotosblumen schwimmen auf den
stillen Wassern, sie entwurzeln sie dem schlammigen Boden. Sie knien in der Götzenhalle von Dukka Jeung.
Die schönste Lotosblüthe duftete vor dem ehernen Bilde
Mahamuni's. Wer zählt die stillen Seufzer, welche

den

den jugendlichen Herzen entquillen! Wer die frommen
Gelübde, welche sie mit ihren Lippen besiegeln! Die
Thränen in Gylluspa's brennenden Augen brechen die
Bilder, und verrücken sie ineinander. Der Götze
Mahamuni ist entschwunden, und in dem Kelche der
Lotosblume schlummert ein göttergleicher Knabe. Soll
sie den Traum der Pflanze stören? Ihr Auge ruht mit
Entzücken auf den blendenden Gliedern des Knaben, sie
spielt in seinen dunklen Locken, und Maha Guru er=
wacht aus dem betäubenden Blüthendufte. Warum
löst aber das Entzücken des Wiedersehens die Fesseln
der Zunge nur zu Schmerzenslauten? Hat sich je die
Ueberraschung ringender Umarmungen bedient? Gyl=
luspa träumte von einem Kampfe mit Maha Guru.
Ihre Küsse waren nur Eroberungen, die sie bald machte,
bald zurückschlug. Ihr Busen hob sich mit einer Hef=
tigkeit, die für Wonneschauer der Liebe zu stürmisch, ja
eine Anstrengung der Verzweiflung war. Sie sah ein
Schwert zucken. Führte der Geliebte den Griff? Lag
es in ihrer Hand? Wehe! ein blitzender Schein war
der Vorbote eines purpurrothen Blutstrahls, der aus
Maha Guru's durchbohrtem Herzen fuhr.

Gylluspa lag in den Armen ihrer klagenden drei
Nebenväter. Mit einem Schrei des Entsetzens und
dem gebrochenen Auge war sie zurückgesunken. Das
ferne Rauschen, das sie im Traume gehört, war zu
einem mächtigen Strome angewachsen, der sich über
ihre betäubten Sinne ergoß. Die sechsfüßigen Trom=
peten stießen ihre zerschmetternden Disharmonien aus;

die Paukenschlägel wirbelten auf den unermeßlichen Kalbsfellen, und die metallenen Becken wurden zusammengeschlagen, daß die Wölbungen des Saales zitterten. Die Priester aber erhoben ihre Stimmen zu einem unsäglichen Freudengeschrei, und riefen sich über die Schranken wechselseitige Grüße zu, und beglückwünschten die Götter, daß sie ihnen einen Tag des Wohlgefallens bereitet hatten. Ein blutiger Rumpf diente ihren entzückten Fingerspitzen zur Zielscheibe. Hali-Jong war nicht mehr.

Ende des ersten Theiles.

Gedruckt: Augsburg, in der Buchdruckerei der
J. G. Cotta'schen Buchhandlung.